これ一冊で

わかる

「教育相談」

―学校心理学と障害福祉の基礎―

大山 卓

ジアース教育新社

はじめに

　不登校、いじめ、児童虐待、貧困、自傷行為、ゲーム依存、若年層の自殺者の増加など、子どもを取り巻くテーマが社会問題になっています。学校教員が理解しておかなくてはいけない教育問題や社会問題は多岐に渡っています。このめまぐるしく変化する社会の状況下で、子どもたちの気持ちに寄り添い、真摯に向き合う姿勢が学校教員に求められています。

　著者は特別支援学校の教員、大学教員、臨床心理士の立場から子どもや保護者、学校教員の相談に携わってきました。その経験から、子どもたちの「こころ」の問題に向き合うためには、教育だけでなく、心理学や福祉、医療などの幅広い知識を身に付けることが欠かせないと感じてきました。そこで、小学校や中学校、高等学校、特別支援学校の教育相談担当や特別支援教育コーディネーター、またカウンセリングに関心を抱いている多くの教員のみなさんに広く読んでいただきたいとの想いから本書を執筆しました。教育相談に必要となる基礎的な知識を理解できる一冊であると思います。

　本書は、「教育相談・カウンセリング」、「教育相談のための学校心理学の基礎」、「教育相談のための障害福祉と進路・就労の基礎」、「教師が知っておきたい教育テーマ」、「教師のためのストレスマネジメント」、の5つの章で構成されています。教育相談担当として身に付けておきたいカウンセリングの基礎から子どもの精神疾患、発達障害、心理検査の概要など、できるだけ平易な言葉で解説しました。また、特別支援教育コーディネーターとして知っておきたい、障害福祉制度や就労などのテーマも取り上げました。そして、不登校やいじめ、自殺やリストカット、児童虐待やDV、外国人児童生徒や貧困問題、LGBT・SOGI、感覚の過敏さや感受性に関する概念、教師のストレスなど、最近話題になっている教育に関するテーマを広く取り上げました。本書を通して教育相談、学校心理学、障害福祉の基礎を理解し、学校での教育相談活動の一助となることを願っています。

　本書が刊行される令和3年は、新型コロナウイルスの感染蔓延の状況下にあります。令和2年には全国で学校が臨時休校となり、また学校再開後は、新型コロナウイルス感染症流行下における新しい生活様式の実施に伴い、これまで想像できなかった社会や学校への影響が懸念されています。経済への影響から起こる貧困問題や休校中のゲームへの依存、新型コロナウイルス感染の不安から生じるいじめへの懸念、若年層の自殺者の増加、感染防止対応による教員の多忙化など、新型コロナウイルス感染症がもたらす子どもたちへの影響は計り知れません。しかし、いかなる影響があろうとも本書を手がかりに教育相談力を高め、一人一人の子どもたちの「こころ」に寄り添っていただくことを切に願っています。

　最後に本書の出版に際しまして、企画段階よりご助言をいただきましたジアース教育新社代表取締役加藤勝博氏と著者の意向を汲み編集で労をお取りくださいました西村聡子氏に紙面をお借りして深くお礼を申し上げます。

令和3年4月

著者　大山　卓

目　次

第Ⅱ章　教育相談のための学校心理学の基礎

第Ⅲ章　教育相談のための障害福祉と進路・就労の基礎

第Ⅳ章 教師が知っておきたい教育テーマ

第Ⅴ章　教師のためのストレスマネジメント

第Ⅰ章

教育相談・
カウンセリング

第 I 章

教育相談・カウンセリング

1　教育相談の進め方

（1）教育相談の意義

　教育相談は、「一人一人の生徒の教育上の問題について、本人又はその親などに、その望ましい在り方を助言することである。その方法としては、1対1の相談活動に限定することなく、すべての教師が生徒に接するあらゆる機会を捉え、あらゆる教育活動の実践の中に生かし、教育相談的な配慮をすることが大切である」（文部科学省「生徒指導提要」、「中学校学習指導要領解説（特別活動編）」）と、示されています。さらに「教育相談は、児童生徒それぞれの発達に即して、好ましい人間関係を育て、生活によく適応させ、自己理解を深めさせ、人格の成長への援助を図るものであり、決して特定の教師だけが行う性質のものではなく、相談室だけで行われるものでもない」、とも指摘されています。つまり、教育相談は、担任をはじめとして全教職員が児童生徒や保護者に対して日常的に行う学校全体での相談やかかわり全般を指します。

　教育相談を行うにあたっては、一人一人の児童生徒の気持ちに寄り添う姿勢（これを「カウンセリングマインド」と呼びます）が大切です。また、先にあげた文部科学省の目的に「～望ましい在り方を助言すること」と記されているように、児童生徒たちが進むべき方向性を示すことも教師としては重要な役割です。その一人一人の児童生徒や保護者の心の声に耳を傾けるとともに、必要に応じて児童生徒に対して心のケアに関する情報提供（これを「心理教育」と呼びます）することも教師に求められています。教育相談担当や特別支援教育コーディネーターは、カウンセリングの基礎を学んで、教師が行う教育相談のスキルを身に付けましょう。

（2）教育相談の姿勢とカウンセリング技法

　教育相談やカウンセリングでは「傾聴」が大切であると言われています。でも「何が『傾聴』なのかわからない」と感じている方も少なくないと思います。少しご自身を振り返ってみてください。例えば保護者との懇談会で、教師が一方的に喋っていることはありませんか。児童生徒との相談の場面ではいかがでしょうか。教師からの励ましの言葉がけばかりが多くなってしまっていませんか。教師は日頃からの指導的な役割が邪魔してしまうことがあります。その指導的役割を全うするために、「何か言わなくては」とついつい口数が多くなりがちです。しかし、教育相談の基本は、まず児

童生徒や保護者の声に耳を傾けることです。日頃つい
つい話をしてしまいがちな教師は相談場面においては、
児童生徒や保護者の声に耳を傾けるように意識的に態
度を切り替える必要があるかもしれません。教育相談
の基本は「傾聴」です。このような話をすると、「じゃ
あ『傾聴』だけで解決できるの？」と疑問を持たれる
方もいらっしゃいます。ただ聞いているだけでなく、迷いや悩みのある児童生徒や保
護者に今後の道筋を示す方が解決は早い、と思われる方もいらっしゃるかもしれませ
ん。もちろん相談の内容や深刻さによっては「傾聴」だけですぐ解決することができ
ない相談もあるかもしれません。しかし、みなさんも日頃から嫌な経験を友達や家族
に話を聞いてもらいますよね。その時、「そうだよね」って言ってもらえると安心しま
せんか。これは「気持ちを理解してもらえた」体験です。まさしく「傾聴」の効果です。
例えば日頃の愚痴を家族に言ったとき、「でもそれはあなたが悪いんじゃない」などと
言われたら嫌な気持ちは解消できませんよね。困ったことがあったとき、まずは自分
の話を聞いて欲しいはずです。だから相談を受ける際には「傾聴」が何より大切です。
教育相談では、児童生徒や保護者の声にしっかり耳を傾けて、その悩みや辛さを受け
止めましょう。もし道筋を示す必要があれば、その次に行うべきです。相談場面では
教師に悩みを受け止めてもらえる体験が何よりも大切であることを理解しておきまし
ょう。アドバイスや助言はその場では何となくわかったつもりになっても、相談者に
とって解決策の一つに過ぎず、実際はあまり役に立っていないことを相談を受ける人
は自覚しておく必要があります。

　また「傾聴」には、悩みを「言語化」することを促す役割もあります。自分の心の
中のもやもやした感情やイライラした気持ちを自分の言葉で話すことで、混沌とした
自分の心の内を客観視したり整理したりすることができます。もちろん悩みの深さや
一人一人の感じ方によっても違いますが、話す（言語化する）ことで心のもやもやが
明確化され、浄化（これを「カタルシス」と言います）されていくわけです。このよ
うに相談者の声に耳を傾ける、つまり「傾聴」すること自体が児童生徒や保護者の心
のケアになるわけです。

（3）カウンセリングの基礎

　次に教育相談やカウンセリングで大切な、①ラポールと相談構造、②受容と共感、
③傾聴、④エンパワメント、⑤転移と逆転移、の5点について説明します。

①ラポールと相談構造

　まず相談で重要なのは、ラポールの形成です。「ラポール」は相談者とカウンセラー
である教師との信頼関係のことです。そもそも相談者は、相談を受ける教師を信頼し
ないと悩みを打ち明ける気持ちになりません。まず相談者の困った気持ちをしっかり
受け止め、話しやすい雰囲気を作って相談を始めましょう。相談は守秘が大切です。

そのためには、相談者が守られる環境を設定しておく必要があります。相談場所や面接時間などの「相談の枠」づくり（これを「相談構造」と呼びます）が大切になります。例えば、みなさんが悩みを抱えた児童生徒の話を聞く際はどのような場所で聞かれているでしょうか。他の教師がいる職員室だったり、廊下での立ち話だったりということはありませんか。児童生徒や保護者との相談を行う場合は、相談内容や相談していること自体が外部にもれずに安心して相談できる環境設定が大切です。秘密が守られる部屋で話を聞き、相談者が安心できる配慮が必要です。相談の冒頭では相談内容はもちろんのこと、相談したこと自体の秘密を守ることを児童生徒や保護者へ伝えておきましょう。このように「相談構造」をしっかり設定してから相談を開始しましょう。「相談構造」とは、相談者が安心して相談できる相談の枠組みです。例えば、時間を決めずに相談を受けてしまうと、教師に次の予定があると相談を途中で打ち切ることになりますね。それでは相談する側としては、自分の悩みを十分聞いてもらえていない気持ちになってしまいます。まず相談を受ける際は、相談室など安心して話ができる空間で時間を決めて話すことが大切です。相談できる時間をあらかじめ示すことで、それを意識しながら相談者が話をすることができます。定期的に相談をする場合は、次の相談日時をできるだけ決めておきましょう。そうすることにより、相談者が次の相談日を意識して、その間は自分の気持ちに向き合いながら辛さを乗り越えることができます。このように相談にあたっては相談構造（場所や日時を決めて安心して相談できる工夫）を設定しておくことが重要です。

②受容と共感

　実際に相談が始まったら、相談者の気持ちを受け止め（受容）、感じ取り（共感）、寄り添っていく姿勢が大切です。ここで大切なのは、事実や出来事そのものではなく、その背景にある「心情」や「気持ち」を理解することです。教師の立場で話を聞くと、ついつい教師 vs. 生徒の構図が出来上がってしまいます。例えば、万引きをしてしまった児童生徒が悩んでそれを打ち明けてきたのに、十分話を聞かないまま万引きした出来事自体を咎めてしまうなど、教師の日頃の立場や価値観が邪魔をしてしまうことが少なからずあります。せっかく悩みを打ち明けた児童生徒を責めたり、説教したりしてしまうわけです。これでは「相談」ではなく「指導」になってしまいます。児童生徒はもう二度と心を開かないでしょう。だから相談では児童生徒が悩みを打ち明けた時には、出来事そのものではなく、それをしてしまった、もしくはそうせざるを得なかった気持ちに目を向けることが大切です。その辛かった気持ちや悲しい気持ち、怒りの感情などを受け止めていくこと、これが「受容」です。そしてできる限り相談者の立場に立って「さぞ辛かっただろうなあ」、「悲しかったんだろうなあ」とその背景にある気持ちを感じることが大切です。これが「共感」です。

③傾聴

教育相談の基本的態度

　このように「受容」と「共感」を踏まえ、相談者である児童生徒や保護者の気持ちに寄り添っていく姿勢、これがまさしく「傾聴」です。傾聴はただ「聞く」のではなく、相手の声に積極的に耳を傾ける「聴く」姿勢が大切です。「聴く」はその字の通り「耳を使って十四の心で聴く」と言われます。しかし、「傾聴」に慣れていない人は意識的に行わないと難しいものです。みなさんの中には話を聴いているつもりでも、「でも」や「しかし」、「がんばれ」などの言葉を使って教師の思いを伝えてしまっていませんか。自分では「傾聴」していると思っていても、このような言葉を使っていては相談者は気持ちを受けて止めてもらったという体験にはなりません。相談者にとって「そうだよね」と言ってもらい、気持ちを受け止めてもらえることが何よりも大切です。繰り返しになりますが、教育相談では教師からのアドバイスは解決策の一つになることはありますが、必ずしも相談者にとって真の解決策にはなりません。相談者の価値観と相談を受ける教師の価値観は異なることを自覚し、自分の考えを相談者にあてはめてしまわないように気を付けましょう。何か物事を決めるときに情報提供は必要ですが、あくまでも選択肢であり、決定するのは相談者自身であることを忘れないようにしましょう。

④エンパワメント

　このように相談の基本は「傾聴」ですが、悩みを抱えている相談者に対して、相談者自身の力で前向きに生きる姿勢を身に付けることが最大の目標となります。人が潜在的に持っているパワーを取り戻して、物事に対して主体的に向き合えるようになる働きかけを「エンパワメントする」と言います。教育相談では自己の生き方を自ら考えることができるようなサポートが重要です。よく相談場面で児童生徒や保護者から、「先生はどう思いますか？」、「これからどうしたらいいでしょうか？」と質問を投げかけられることがあります。そんな時にすぐさま教師の思いや考えを返していませんか。実はこのような質問をされたときに相談者は必ずしも教師にアドバイスや答えを求めているわけではないことが多く、「どうしたらよいか困っている」、つまり悩んでいる気持ちがこのような表現となって表れることを理解しましょう。したがって、このような投げかけに対しては、真正面から答えるのではなく、「あなたはどう思いますか？」と返してみてはいかがでしょうか。自分自身の問題として目を向けるように促し、相談者自身が解決できるようなサポートをすることが重要です。実はすでに相談者自身が解決の方向性をいくつか持っていて、迷っていることも少なくありません。相談を受けた教師は一緒に考える立場を示しつつ、相談者自身が自分の問題を自分で引き受けて、選択したり決めたりすることのできる力を育てていくこと、つまり「エンパワメントする」ことが相談の本来の目標です。

⑤転移と逆転移

次に、「転移」や「逆転移」というあまり聞き慣れない言葉を取り上げます。カウンセリングでは、相談者がカウンセラーに向ける感情を「転移」と呼びます。こ

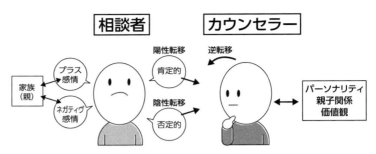

カウンセリングにおける転移と逆転移

れにはカウンセラーに対する肯定的な感情である「陽性転移」とネガティブな感情である「陰性転移」があります。例えば、異性のカウンセラーが親身になって話を聴いてくれることで、相談者からカウンセラーに恋愛感情が向けられることがあります。これが「陽性転移」です。親身に話を聴いてもらえていないと感じる相談者からカウンセラーに向けられる不信感が「陰性転移」です。また、カウンセリングが深まると、相談者はこれまで育ってきた過程における自分の親や家族に対する感情をカウンセラーに映す（これを「投影」と呼びます）ことがあります。母親に対しての葛藤感情がある児童生徒の中には、カウセンリング場面でカウンセラーに対して母親へ接するような態度が出てくることもあります。このように相談者の感情が大きく揺れ動くときには、どうしてそのような感情となっているのかをカウンセラーが考えてみることで、相談者の辛い気持ちの理解が深まることがあります。

また、このような相談者からの「転移」によって、カウンセラー側に湧き上がる感情にも注意が必要です。この相談者に対するカウンセラーに湧き上がる感情が「逆転移」です。例えば、相談者から「陽性転移」がカウンセラーに向けられた場合は、カウンセラー側にも相談者に対するプラスの感情が湧き上がり、相談者に対して「何かしてあげたい」気持ちになることがあります。カウンセラーは相談場面で何か良い気持ちになったときにこそ、注意が必要かもしれません。また、相談者の話を聴いていて、共感しようとしてもどうしてもできず、相談者に対して怒りが湧いてくる場合もあります。つまり相談を受けるカウンセラーである教師が相談者からの「転移」によって、相談者に対して抱いてしまう感情が「逆転移」であり、この湧き上がる気持ちがなぜ生じているのかを振り返っていくことが必要です。「逆転移」が起きるのは必ずしも相談者からの「転移」によってだけ起こるものではありません。実は相談を受けるカウンセラーである教師自身のパーソナリティやこれまでの親子関係、生育状況、価値観などが大きく影響します。例えば保護者から子育てについて相談を受けた際に、どうしても共感できずにその保護者に対してネガティブな感情を抱いてしまう場合があります。実は背景にカウンセラーである教師自身が自分の母親から受けてきた養育の体験や未解決の課題が大きく影響し、知らず知らずのうちに自分の課題が相談の中に持

ち込まれてしまい、相談者である保護者へその気持ちを映してしまうことがあります。このような時は保護者に対するネガティブな気持ちが生じることがあるので、何故このような気持ちが湧き上がってくるのかを振り返ることも大切です。このように相談場面ではカウンセラーが気持ちを揺さぶられることがあり、そのためカウンセラーは定期的にスーパービジョン（経験豊富なカウンセラーから助言をもらうこと）などを受けて客観的に自分を捉えていくことが必要です。教育相談場面でカウンセラーである教師が自分でもよくわからない感情が湧き上がる場合は、経験豊富なカウンセラーへ相談してみてはいかがでしょうか。教師であるカウンセラーが良い聞き役になるためには、教師自身がどんなパーソナリティであり、どんな感じ方をする傾向にあるのかなど、自分を知っておく必要があります。

（４）教師が身に付けたいカウンセリング技法

　次により良い教育相談ができるように、カウンセリングにおける「聴き方」の基本的技法を取り上げます。①うなずき・あいづち、②リピート（繰り返し）、③感情の反射、④明確化・要約、⑤リフレーミング、⑥相談を深める質問、などの技法を組み合わせることで、相談者は「自分の悩みを聴いてくれている」と感じることができます。

①うなずき・あいづち

　カウンセリングで最も大切なのは、カウンセラーの非言語的メッセージの発信です。身振りや表情、声のトーン、視線などの非言語的メッセージの効果的な活用が大切です。カウンセラーが表情豊かに相談者の話を聴くことは、相談者の話をしっかり聴いているメッセージになります。大袈裟にする必要はありません。まずは、相手の悩みの深さや表情に応じた声のトーンを心がけましょう。相手が笑顔で話せる悩みであれば、同じ様に笑顔で聴いてみましょう。そして、話を聴きながら、「うんうん」や「うーん」、「そっか」、「はい」など、適宜「うなずき」や「あいづち」を入れていきましょう。特に辛い気持ちなど感情面が語られるところでは、しっかり相手を見て、表情や身振りを使って全身で聴いているメッセージを出して話を聴きましょう。

　教師は研修や会議でメモを取る習慣のある方が多いと思います。相談場面でも必要な情報を書き留めることは大切ですが、メモに集中してしまうことは避けましょう。カウンセリングはその時の一瞬一瞬、相談者へ耳を傾ける姿勢が大切です。記録はできるだけ後で振り返って行い、カウンセリング場面では相手を見てしっかり話に耳を傾けましょう。

②リピート（繰り返し）

　カウンセリングはうなずきやあいづちを交えた「傾聴」が基本ですが、ただうなずくだけでは不十分です。話を聴いているメッセージを言葉で発信しましょう。話を聴

きながら適宜、「〜っていうことなんですね」とか「〜で困っているんですね」など、できるだけ相談者が発した言葉を使って相談者に返していくと、相談者はちゃんと聴いてくれていると感じることができます。これを「リピート（繰り返し）」と呼びます。単語や短い言葉で適切なところで返していくことで、「話を聴いてもらえた」、「自分の悩みをわかってもらえた」と感じることができます。例えば、児童生徒からの相談で「友達とケンカになって、それ以来口をきいてないんです」に対して、「そっかあ。友達とケンカしてから話をしてないんだね」と返すことで、悩んでいること（これを「主訴」と呼びます。相談する目的のことです）をお互い明確化することができます。ただし、あまり頻繁にリピートを入れると、ぎこちない相談になってしまいます。相談の流れに沿った適切なタイミングでリピート（繰り返し）を入れていくことを心がけましょう。

③感情の反射

「うなずき・あいづち」、「リピート（繰り返し）」に加えて、気持ちや感情に着目した「感情の反射」を行いましょう。カウンセリングでは、出来事や事実関係そのものではなく、その出来事の背景にある相談者の気持ちに注目することが大切です。辛い気持ちなどを共感的に感じることができたら、「〜って感じているんだね」、「〜っていう気持ちなんだね」、「辛かったね」のように言語化して相談者に返していきましょう。これが「感情の反射」です。これによって相談者が自分の気持ちをわかってもらえた安心感となり、また相談者が気づいていなかった自分の感情に目を向けることができるようにもなります。出来事や事実関係ばかりに焦点化してしまうとカウンセリングは深まっていきません。出来事の背景にある「感情面」に目を向けると、カウンセリングが良い方向に進んでいくことを理解しておきましょう。

④明確化・要約

これまで「傾聴」の大切さを伝えてきましたが、相談の内容や深さによっては「傾聴」だけでは解決が難しい場合があります。相談者の話があちこちに広がってしまったり、相談者の自己開示度が低く言葉が少なかったり、表現が苦手でまとまりのない話や曖昧な話になってしまったりするような場合は「傾聴」だけでは、カウンセリングが深まらないことがあります。そのようなケースでは、一歩進めて「それは〜っていうことですか」など、話をまとめて返してみましょう。例えば、まとまりのない話であったり話題がいろいろな方向に逸れてしまったりする場合は、「そっか。友達とケンカして、どうやって仲直りするか困っているんだね」など、少し話をまとめて問題点を要約して返してみましょう。それが相談者の気持ちとずれている場合は相談者と話を深めるきっかけとなりますし、それが悩みの的を得ていればこれによって話が焦点化され、相談が深まっていきます。これを「明確化・要約」と呼びます。

⑤リフレーミング

相談者の話を聴いていると、一つの視点からの考え方に固執してしまい、それが悩みを深刻化させている場合があります。そこで話を否定するのではなく、違う視点か

らの物事の捉え方や見方を提示し、意味付けを変える働きかけが「リフレーミング」です。例えば、一つ一つのことに「時間がかかってしまう自分」を否定的に捉えている子どもに対して、「自分の役割をしっかりこなす」というプラスの考え方を投げかけることで、考え方の枠組みを変える働きかけがあげられます。これによってネガティブに捉えていた出来事を肯定的に捉えることができるようになります。ただし、決して相談者の考え方を否定したり、助言したりするのではなく、相談者本人が自ら気づくような視点の提供を心がけましょう。

⑥相談を深める質問

　相談者の悩みを深く知り共感するためには質問することも大切です。相談者の話に関心を向けることで、問題の理解が深まるとともに、相談者は自分の悩みに関心を持ってもらっているという気持ちになります。ただし、質問ばかりになると傾聴の姿勢から離れてしまうので、あくまで相談者の言葉に沿ってより深めたい点に焦点化して行いましょう。

質問の種類

　言語のやり取りが苦手な場合やうまく自分のことを話せない児童生徒の場合は、質問の仕方も工夫してみましょう。カウンセリングで行う質問には、「閉じた質問（クローズド・クエスチョン）」と「開いた質問（オープン・クエスチョン）」があります。「はい」や「いいえ」で答えられる質問を「閉じた質問（クローズド・クエスチョン）」と呼びます。例えば、（カウンセラー）：「友達とカラオケ行ったの？」、（相談者）：「はい」、（カウンセラー）：「そこでケンカになったの？」、（相談者）：「そうです」などの質問の仕方です。「イエス」か「ノー」で答える質問なので、口下手や相談することへの抵抗がある相談者には答えやすい質問です。児童生徒のやり取りを引き出す際には閉じた質問（クローズド・クエスチョン）が適していますが、あまりこればかりを使うと質問攻めになり逆効果となるので注意が必要です。また、自分の言葉で返答する質問が、「開いた質問（オープン・クエスチョン）」です。例えば、「ケンカになったきっかけは？」など言葉での説明が必要となる質問です。自分の言葉で説明ができる相談者の場合はこの質問の仕方でカウンセリングを進めてみましょう。相談者が答えやすい質問の仕方を工夫することで、気持ちを引き出すことができます。このように出来事や事実関係の話ばかりに終始せずに、相談者自身が感じた気持ちなどを取り上げていくのが良いカウンセリングです。「傾聴」であっても質問することは相談者の理解を深めるために重要です。質問の仕方を工夫して、相談者の気持ちを引き出していきましょう。

2 教育相談の視点・方法

次に児童生徒へ行う教育相談の視点や方法について取り上げます。

（1）学校心理学のモデル

児童生徒に対する援助サービスの視点から教育相談について考えていきます。児童生徒への援助サービスは、すべての児童生徒を対象とする「一次的援助サービス」と、配慮が必要な児

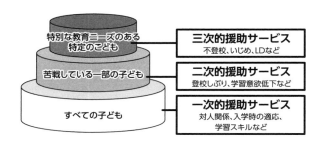

学校心理学における３段階の心理教育的援助サービス
出典：学校心理士資格認定委員会「学校心理学ガイドブック」を参考に作成

童生徒に対する初期段階の「二次的援助サービス」、特別な重大な援助ニーズを持つ特定の児童生徒に対する「三次的援助サービス」の３段階に分けることができます。「一次的援助サービス」には、「開発的教育相談」と「予防的教育相談」があります。開発的教育相談は、日頃の学級づくりなど自分や友達を大切にする気持ちを育む取り組みや児童生徒自身の相談力（「援助希求的態度」や「援助要請行動」とも呼びます）を高めるための取り組みなどがあげられます。また、予防的教育相談は、学級内での児童生徒同士の人間関係などについて教育相談アンケートを定期的に実施したり、定期的な個別の教育相談を実施したりすることで、早期に教師が状況を把握し介入する取り組みです。「二次的援助サービス」は、問題が起きそうな初期段階のアプローチです。登校しぶりや学習のつまずきを示す児童生徒への早期対応などがあげられます。「三次的援助サービス」は、いじめを受けた被害児童生徒の心のケアや不登校になってしまった児童生徒への対応など、発生した後の問題への介入であり、「治療的教育相談」や「問題解決的教育相談」と呼ばれます。

この３つの援助サービスの中でも、特に最近は「一次的援助サービス」の重要性が指摘され、多くの学校で児童生徒たちの心を育む教育が行われています。次の項では「一次的援助サービス」の中の「開発的教育相談」と「相談力（援助希求的態度・援助要請行動）を高める教育相談」のそれぞれの代表的なアプローチ方法について説明します。

（2）開発的教育相談

すべての児童生徒たちが対象となる「一次的援助サービス」の「開発的教育相談」は、自分の気持ちや他の人の気持ちに気づいて、より良い人間関係を育んでいくアプローチです。「構成的グループエンカウンター」などのグループ活動による人間関係の向上を目指す方法や自分の気持ちも他者の気持ちも大切にしたコミュニケーションスキルである「アサーション」、ルールや習慣に沿った行動の仕方を学ぶ「ソーシャルスキルトレーニング」などのアプローチがあります。

①構成的グループエンカウンター

まず、「構成的グループエンカウンター SGE (Structured Group Encounter)」を紹介します。エンカウンターは「出会い」を意味します。もともと人間関係づくりに着目した「ベーシック・エンカウンター（非構成的エンカウンター）」という集中的グループ体験活動がありました。これは、心理的アプローチの一つの手法

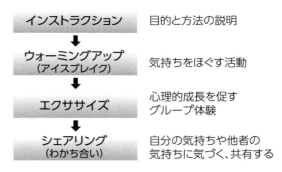

インストラクション	目的と方法の説明
↓	
ウォーミングアップ（アイスブレイク）	気持ちをほぐす活動
↓	
エクササイズ	心理的成長を促すグループ体験
↓	
シェアリング（わかち合い）	自分の気持ちや他者の気持ちに気づく、共有する

構成的グループエンカウンターの流れ

で自分の気持ちや他者の気持ちへの気づきを深め、互いに認め合う自由な体験的グループ活動のことを指します。一方、この主旨に沿ってリーダーの指示する課題にグループで取り組む体験活動を、「構成的グループエンカウンター」と呼びます。グループで課題（エクササイズ）に取り組むことで、自分の気持ちや他者の気持ちへの気づきを高め、学級などのグループ内での人間関係を深めていく体験活動です。グループ活動の流れとしては、「インストラクション（活動の目的や方法の説明）」、「ウォーミングアップ（緊張をほぐして意欲を高める活動）」、「エクササイズ（心理的成長を促す課題にグループで取り組む体験）」、「シェアリング（体験を通して感じた自分の気持ちをグループ内で共有し、自分の気持ちや他者の気持ちに気づくわかち合いの活動）」、の順で行っていきます。他者と協力する活動を通して、自分の気持ちや他者の気持ちに目を向けることができる体験であり、年度当初の学級開きなどで実施する学校が増えています。ここではすぐできる簡単なエクササイズを紹介します。

エクササイズ例①「バースデイライン」

学級全体で取り組めるエクササイズです。体育館などの広い場所で実施しましょう。まず全員で一重の円を作ります。先頭の場所を決めて、時計回りに誕生日順に並び直すゲームです。同じ誕生日の人はどちらが先でも構いません。言葉は使わずにジェスチャーで自分の誕生日を示し、誕生日順に円を作ります。完成したら、先頭から誕生日を発表していきます。終わったら隣同士で２人  ペアを作って、「今ここで感じたこと」（感想）をお互いわかち合います。年度当初の学級開きで行うと和やかな雰囲気が期待できます。

エクササイズ例②「自己紹介エクササイズ」

年度当初の学級活動での自己紹介に適したエクササイズです。体育館などの広

い場所で実施しましょう。10人程度のグループを３つ、４つ設定してそれぞれ円になってランダムに座ります。先頭を決め、そこから一人ずつ自己紹介をするゲームです。まず先頭は「名前と好きなこと」を発表します。例えば、「加藤です。好きなことはサッカーです」のように行います。次に隣の児童生徒が「サッカーの好きな加藤さんの隣の、音楽の好きな鈴木です」と先頭の児童生徒を含めた自己紹介をします。次の児童生徒は前の２人を含めて自己紹介をします。これを各グループで実施します。途中で忘れてしまった場合は、間違えた人が先頭になってはじめから再スタートします。自己紹介が終わったら各グループで感想を伝え合い、感じたことのわかち合いをしましょう。

②アサーション

アサーション（assertion）は、自分も相手も共に大切にする自己表現方法です。他者と意見が合わないときの批判的なコミュニケーションスタイルが、互いの気持ちのずれとなり、対人関係の悩みにつながります。アサーションはそのような対人関係の葛藤が生じないようにする円滑なコミュニケーション方法です。

❶自分が感じた気持ちを大切にする（脱非主張的自己表現）

まず今ここで感じる気持ちに目を向けます。他者とのやり取りで湧き上がった気持ちを、否定しないで受け入れていくことが大切です。相手への気遣いから自分の気持ちを抑え込んでしまう非主張的な自己表現は望ましくありません。我慢しても、他者への不満はなくなりません。より良い他者とのコミュニケーションを図るには、まず自分が感じた気持ちを大切にしましょう。

❷相手の気持ちを大切にした自己表現（脱批判的・攻撃的自己表現）

自分の気持ちを大切にするばかりに、相手のことを考えずに一方的な批判的・攻撃的自己主張は望ましくありません。さらに自分の持つ常識や習慣、価値観にとらわれて、相手を思い通りに動かそうとする自己表現は対人関係に軋轢が生じます。批判的・攻撃的な自己表現から、相手の気持ちを尊重しつつ自分も大切にする、（これを「アサーティブな自己表現」と呼びます）自己表現に変えていきましょう。

❸アサーショントレーニング　DESC法

自己主張が必要な場面では、自分も相手も傷つけないコミュニケーション方法を学んでいきましょう。アサーティブな自己表現を身に付けるためにDESC法があります。DESC法は、①描写する（D:describe）、②表現する・説明する・共感する（E:express,explain,empathize）、③提案する（S:specify）、④選択肢を考える（C:choose）、の４つのステップを使ったコミュニケーション方法です。具体的な例をもとにDESC法でアサーションを説明します。

アサーション DESC 法（例）

（例）「友達から次の日曜日に遊びに誘われたものの、テスト前なので断りたい気持ちがある」、ときのコミュニケーション方法について。

（1）描写する（D:describe）

　まず、自分の見方や考えではなく、客観的な事実を話題にします。

（例）「来週は月曜日からテストがあるよね」

（2）表現する・説明する・共感する（E:express,explain,empathize）

　次に自分の気持ちを素直に表現することです。ここでは自分の主観的な気持ちを言葉にしましょう。ただし、他者の思いとずれる場合があるので、「私は〜思う」と「私メッセージ」で伝えるとよいでしょう。

（例）「誘ってくれてうれしいけど、私はテストが心配なので勉強しなくちゃ、って思ってる」

（3）提案する（S:specify）

　さらに要求や希望を明確に伝えるスキルです。相手も理解を示してくれそうな提案を言語化してみましょう。ただし、提案は必ずしも一つとは限らないので複数考えておきましょう。

（例）「テスト前はやめて、テストが終わった次の日曜日に遊びに行かない？」

（4）選択肢を考える（C:choose）

　提案に対する相手の反応を予想し、自分の対応をいくつか想定しておきましょう。例えば「テストが終わってから遊びに行こう」というあなたの提案に対して、友達から「その日にしかやっていないイベントだから」と言われたら、

（例）「じゃあその時間だけね。現地集合で」もしくは
　　　「ごめんね。今回はやめておくね。次のイベントには一緒に行こうね」

　など、自分も相手も否定しない妥協案を考えることです。

　ここで大切なのは、自分が我慢して相手に合わせる選択をしないことです。非主張的な自己表現や相手に合わせてしまう態度ではなく、自分を抑え込まずに相手を傷つけないアサーティヴな自己表現を工夫していきましょう。

　このように自分の気持ちを大切にしながらも、人間関係を大切にしたコミュニケーションがアサーションです。学級活動などを使って児童生徒同士がロールプレイで練習する機会を設定してみてはいかがでしょうか。

③ソーシャルスキルトレーニング SST(Social Skills Training)

　ソーシャルスキルトレーニング SST は、社会性に課題のある児童生徒に対して、日常場面でのふさわしい行動スタイルなど社会技能（ソーシャルスキル）を取り上げて学ぶ方法です。学校や相談機関など多くの場面で実施されています。感情コントロールの苦手な児童生徒へのアンガーマネジメント（怒りのコントロール）も SST の一つです。小グループでも個人カウンセリングでも行われます。進め方としては、

❶課題の提示（場面カードや物語カードなどを使って学ぶテーマを提示する）

❷問題点検討（参加者が良い点と悪い点を考える）

❸正しい方法や行動の確認（正しい対応方法を理解する）

❹ロールプレイで体験（友達同士でペアになってロールプレイで正しい行動を体験する）

❺振り返り（感じたこと、学んだことをグループでシェアリングする）

　　ルールを守ることが苦手な発達障害の児童生徒の中には、順番を守って列に並ぶなど場にふさわしい行動の取り方を理解していないことがあります。学級の実態に応じて、学級活動などでSSTを取り上げてみてはいかがでしょうか。

（３）相談力（援助希求的態度、援助要請行動）を高める教育相談

　　次に相談力（援助希求的態度、援助要請行動）、つまり困ったときに児童生徒が自分から相談できる力を高める取り組みを紹介します。児童生徒が困ったときや悩んだときに家族や教師、友達など相談できる周囲の人の存在はとても重要です。しかし相談すること自体の経験が少なかったり、相談することを恥ずかしがったり、悩みごとは自分で解決すべきと相談に消極的だったり、相談することに慣れていないのが現状です。早期に相談することで救われる児童生徒がたくさんいるはずです。そのためには児童生徒自らが困った時に周囲の大人へSOSを発信する力を育てていきましょう。発信力を高めるための具体的な取り組みとして、①相談資源の把握・周知、②相談資源の活用、③心理教育プログラム、について取り上げます。

①相談資源の把握・周知

　　まず教育相談担当が校内外の相談できる人や相談機関を把握し、相談資源リストを作成しましょう。校内の相談資源としては、担任、養護教諭、教育相談担当、特別支援教育コーディネーター、スクールカウンセラーなどがあげられます。また校外の相談資源としては、匿名で相談できる電話相談、SNSなどによるチャット相談やメール相談など、多様なアクセス方法と多様な時間帯に相談できる相談機関の把握が必要です。校内外の様々な相談資源を整理しておきましょう。そしてこの情報をしっかり児童生徒へ伝えていくことが大切です。相談窓口についてのリーフレットや啓発カードなどを作っている自治体も多いと思いますが、配付するだけになっていませんか。配付すると同時にそれぞれの相談先の役割を伝えましょう。校内であればスクールカウンセラーの役割や相談方法、校外の相談資源であれば相談できる内容や方法などを伝える必要があります。年度当初だけでなく学期の節目節目に、児童生徒へ相談資源を繰り返し伝えることも大切です。

②相談資源の活用

　　次に相談力を高めるために、相談の大切さや相談の具体的な方法などを取り上げま

しょう。例えばスクールカウンセラーと連携して、「心の授業」の一環として相談力を高める「心理教育プログラム」を実施するのも一つの方法です。また、言葉による説明だけではなかなか利用まで結びつかないので、ぜひ児童生徒が体験的に理解できる機会を設定しましょう。スマートフォンやパソコンを使って、実際にSNS相談の画面を見せたり、児童生徒同士の模擬相談（ロールプレイやグループワーク）をしたりしましょう。具体的な相談方法や相談できる時間帯、秘密厳守であることなどを知ることで、困ったときに相談する行動につながりやすくなります。

③心理教育プログラム

　児童生徒を対象とした相談力を高めるための効果的な心理教育プログラムが開発されています。

　悩みを抱えている人に気づいて手を差し伸べていくための「ゲートキーパー養成研修」と「学校における自殺予防教育プログラムGRIP」を取り上げます。

ゲートキーパー養成研修

　ゲートキーパーは「自殺の危険を示すサインに気づき、適切な対応（悩んでいる人に気づき、声をかけ、話を聞いて、必要な支援につなげ、見守る）を図ることができる人のことで、言わば『命の門番』とも位置付けられる人」のことです。ゲートキーパーの役割は、❶気づき（家族や仲間の変化に気づく）、❷声かけ（身近な困っている人に声をかける）、❸傾聴（本人の気持ちを尊重し、耳を傾ける）、❹つなぎ（早めに専門家に相談するよう促す）、❺見守り（温かく寄り添いながらじっくり見守る）があげられます。教師向けの「ゲートキーパー養成研修会」を実施する区市町村も増えてきました。まずは教師が自殺について理解し、ゲートキーパーになり児童生徒を支援する姿勢が重要です。

ゲートキーパーの役割

出典：内閣府自殺対策推進室「ゲートキーパー養成研修用テキスト（第3版）」を元に作成

　また、児童生徒向けに「ゲートキーパー養成研修」を実施している学校もあります。周囲の困っている人を助ける姿勢を学ぶことは将来に渡って大切なことであり、今後このような取り組みがますます増えてくると思います。区市町村でもすでに医療、福祉、一般向けの「ゲートキーパー養成研修」は多く実施されています。また厚生労働省のホームページには「ゲートキーパー養成研修用テキスト」（内閣府自殺対策推進室）が紹介されていますので、参考にして学校で取り組んでみてはいかがでしょうか。

学校における自殺予防教育プログラムGRIP

　学校における自殺予防教育の取り組みも数多く行われるようになってきています。文部科学省のホームページには「教師が知っておきたい子どもの自殺予防」（文部科学省）が紹介されていますので参考にしてみてください。ここでは学校でできる自殺予

防教育プログラム GRIP を紹介します。GRIP は、G（Gradual approach：段階的アプローチ）、R（Resilience 抵抗力・回復力を身に付ける）、I（In a school setting 学校環境の中で）、P（Prepare scaffolding 足場づくり）を意味し、学校の授業の中で自殺予防教育が実施しやすい体系化されたプログラムです。

GRIP の全体構成と、自殺の対人関係理論との対応関係
出典：川野健治・勝又陽太郎「学校における自殺予防教育プログラム GRIP」新曜社より引用

　まず、教師を含む大人が自殺問題行動を適切に理解し、相談の要点を把握できるよう「教師へのゲートキーパー研修（60分）」が用意されています。それを踏まえ、児童生徒向けには、「マインド・プロファイリング（自分の感情に気づき、いやな気持ちに対処できる）」、「マインド・ポケット（対処方法を理解し、適切に判断できる）」、「KINO（自分の感情を他者に伝え、相談の仕方を知る）」、「シナリオコンテスト（話の聞き方を理解し、対処困難な状況で大人につなぐ判断ができる）」、などのプログラムが準備されています。このプログラムは教師がスクールカウンセラーと協力するなどして5時間の授業で実施することができます。児童生徒たちが自分の気持ちに気づいたりその対処法や大人をはじめとする他者への相談方法を学んだりすることができます。なお、このプログラムで使う動画やワークシート、学習指導案などは出版社（新曜社）のホームページ（https://www.shin-yo-sha.co.jp/grip/）よりダウンロードすることができます。中学生用資料と小学生用資料が用意されています。

3　教育相談担当の役割

　これまで取り上げてきた内容は、担任をはじめすべての教師に身に付けてほしい教育相談とカウンセリングの基礎的事項となります。校内での教育相談力を高めるために、これまでの内容を参考に教育相談担当が校内研修など実施して広げていきましょう。また、校内の教育相談体制を充実させるための教育相談担当の役割としては、（1）気になる児童生徒の把握と担任への支援、（2）個別教育相談（面接）の実施、（3）スクールカウンセラーとの連携、（4）校内教育相談体制の確立と調整、（5）関係機関との連携、などがあげられます。

（1）気になる児童生徒の把握と担任への支援

　学級担任は困ったことが発生した際に、一人で抱え込んでしまう場合が少なくありません。教育相談担当の役割としてはまず、校内の問題の把握に努めましょう。学校全体で気になる児童生徒をスクリーニング（リストアップ）し、定期的に実施している職員会や児童生徒に関する情報交換会などで情報を共有しましょう。また、定期的に校内巡視をして授業の様子を参観して、気になる児童生徒や対応に苦慮している教師の把握に努めましょう。まず気になる児童生徒について担任との情報共有が大切です。教育相談担当が気になる児童生徒の対応に関して担任へ声をかけたり相談を受けたりして、一人で抱え込まないようにしていきましょう。また、配慮の必要な児童生徒の対応で担任が教室を抜ける時間をフォローするなど、後方支援の役割を担うことも考えられます。担任は気になる児童生徒への対応と学級全体の児童生徒への指導を一人で行うことに負担や不安を感じることが少なくありません。教育相談担当のサポートがあると、安心感を持って対応できるようになります。

（2）個別教育相談（面接）の実施

　担任は学級全体への指導を担い、教育相談担当が別室登校など配慮の必要な児童生徒へ直接アプローチするのも一つの方法です。担任が果たせない役割を教育相談担当が担う形です。実際に教育相談担当が配慮の必要な児童生徒の面接相談を進めるにあたって、小学校の低学年では言語によるやり取りだけでは児童生徒の心に寄り添うことが難しい場合があります。また、教育相談担当は担任や学年の教師と異なる立場のため、児童生徒が抵抗感を抱く場合もあります。言葉によるカウンセリングが難しい場合は、先に取り上げたカウンセリング基本技法を参考にするとともに、次に紹介するようなツールを通して児童生徒と信頼関係を築きながら対応していくのが良いでしょう。ここでは教師の立場で取り組みやすい教育相談の方法を紹介します。

①ゲーム

　児童生徒に相談のモチベーションが低い場合は、ゲームをしながら話をしてみるのも一つの方法です。ラポール（信頼関係）を築き、何度か相談機会を設定することで少しずつ話ができるようになっていきます。ゲームをしながら、ポツリ、ポツリと言葉にする児童生徒もいます。短い時間でできて、没頭し過ぎないゲームとして、ト

ランプやオセロ風ゲーム、ジェンガ風ゲームなどがよく利用されます。

②描画

　次に教師が実施しやすいのが描画を介した相談です。これは年齢にかかわらず実施できます。描画に苦手意識のある児童生徒は少し抵抗感があるかもしれませんが、「絵の上手、下手は関係ない」ことをあらかじめ伝えておきましょう。「やだなあ」と言いながらも、意外に取り組める児童生徒が多いと思います。しかし、無理強いは禁物です。初めての面接などのきっかけづくりとして利用できる方法や児童生徒の心の内面が把握できる方法があります。「MSSM（交互ぐるぐる描き投影・物語統合法）」や「バウムテスト（樹木画テスト）」、「人物画テスト」、「家族画テスト」をご紹介します。

MSSM（交互ぐるぐる描き投影・物語統合法）

　山中康裕（1984）が考案したなぐり描き法の一つです。初めての相談場面で最初に取り組みやすい描画方法です。相談のきっかけづくりとして導入してみると良いでしょう。2人1組で行います。A4サイズの画用紙を1枚準備します。他に鉛筆と色鉛筆やサインペンなどを用意しておきましょう。縦置きでも横置きでも構いません。まず、相談者に用紙を5マスから8マス程度で自由に線を引いて分割してもらいます。次にじゃんけんをして順番を決めます。じゃんけんで勝った方が1つのマスの中に鉛筆でなぐり描き（ぐるぐる描き）をします。どんななぐり描きでも構いません。次にもう1人がこのなぐり描きからイメージして何かの絵になるように

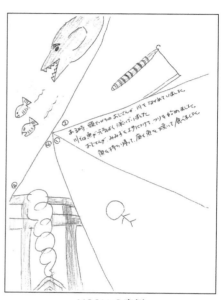

MSSM の事例

書き加えていきます。そして色鉛筆を使って彩色をして絵に仕上げます。次にその絵を書いた人が別のマスになぐり描きをして、もう1人が絵にしていきます。これを交互に繰り返し、1マス残して終了します。そして、2人でこの絵を眺めながら一つの物語を作っていきます。すでに絵を描いたマスに番号をつけて物語を考え、残った1マスに作った物語を文章にして書き込んでいきます。最後に2人で眺めて、感想を伝え合って終了します。描画を解釈することが目的ではなく、2人のやり取りが大切です。ラポールを築くことができ、きっと児童生徒の笑顔を見ることができます。

バウムテスト（樹木画テスト）

　次に子どもの心の内面を推し量るための描画テストを紹介します。まず、バウムテスト（樹木画テスト）です。バウ

バウムテストの事例

ムテストは、心理療法でもよく実施されるテストで、投影法と呼ばれる検査です。アンケート調査のような質問紙検査とは異なり、無意識の自分の心の内が表現されやすい検査です。A4サイズの画用紙と4Bの鉛筆を使用します。用紙を縦に置いて、「1本の木を描いてください」と教示をします。どんな木でも構いません。思ったように描いてもらいます。「1本の実のなる木を描いてください」と教示する場合もありますが、あまり制限を加えない方が児童生徒には描きやすいようです。実施後は、描かれた木を児童生徒と一緒に眺めて、どんなことを想像しながら描いたのか、話をしましょう。木に自分を投影することが多いと言われ、心理療法では専門的観点から深い分析や解釈もできます。教師が実施する場合は、深い解釈よりも、その印象を大切に読み取っていくのが良いと思います。例えば不登校傾向の児童生徒であれば、樹木の大きさなどから心のエネルギーの低下などを想像することができます。まずは全体的印象や樹木の形態、描かれた位置などからパーソナリティや心の内面を感じ取りましょう。

人物画テスト

　人物画テストからは、発達や心の内面を把握することができます。

　まず発達面の把握です。描画に関する発達段階が理論化されています。1歳から2歳は錯画期（なぐり描き期）、2歳から4歳は意味づけ期（みたてつもり期）、3歳から5歳半は羅列期（頭足人、カタログ期）、5歳半から9歳は図式的構想表現の時代（文脈・関係、基底線表現）、9歳から写実期へと進んでいく描画の発達過程があります（新見，2010）。学校では図画工作で人物画を描く機会もあるので、わざわざ検査として実施しなくても日頃の絵から発達面についておおよそ推し量ることが可能です。

人物画テストの事例

　さらに、DAM（Draw A Man Test）グッドイナフ人物画検査を使って、基準に沿って分析することで、人物画から知能指数（言語によらない動作性知能）を算出することもできます。1人の人物を頭の先から足の先まで描き、その描画発達段階から知能の一部（動作性知能）を算出する方法です。標準化（統計的にも信頼性が高いという意味です）された検査であり、小学校低学年児童の知的発達の一側面を把握するのには適した方法です。興味のある方はぜひ描画の発達を学んでみてください。ただし、人物画から得られる動作性の知能指数については、言語による知的側面は考慮されません。あくまで知能の一部にしか過ぎないので、その数字だけを過信しないように注意しましょう。

　また、人物画からは発達以外にもパーソナリティの一面を把握することもできます。描いた人物画は自分自身であったり、気になる家族であったり、誰かに投影された表

現となることがあります。そのため、人物画から心の内面を想像することができます。

家族画テスト

　家族の関係性を考えることができる家族画として、統合型 HTP（House Tree Person）テスト（S-HTP）と動的家族画 KFD（Kinetic Family Drawing）を紹介します。

　一つ目は１枚の用紙に「家、木、人」を描く、統合型 HTP 法（S-HTP）という方法です（三上，1995）。３つのアイテムの描画から心の内面を想像することが

家族画（統合型 HTP 法）の例

できる描画テストです。画用紙を横書きにして「家、木、人」の順で描いていきます。先ほど紹介した、人（人物画）、木（樹木画）に加え、「家」を扱います。「家」には家族への心の内が投影されるので、描かれた「家、木、人」から印象を感じ取りましょう。それぞれのアイテムはどのような配置で描かれているのか、雰囲気は明るいのか、家には窓や扉があるのか、開放的なのか閉鎖的な印象かなど、家族に対する心の内を想像することができます。

　もう一つは、動的家族画 KFD です。一枚の画用紙と鉛筆を用意し「あなたを含めてあなたの家族の人たちが、何らかの行為や動作をしているところを思い出して描いてください」という教示で行います。これによって家族間の関係や家族への心情などを想像することができます。ただ家族内での問題を抱えている場合は、描くことに抵抗感を示す場合もありますので無理強いは避けましょう。

家族画（動的家族画 KFD）の例

③箱庭

　次に「箱庭」を紹介します。もし校内に箱庭がある場合は実施してみてはいかがでしょうか。自分の心の内面が箱庭に表現される方法（これを「投影法」と呼びます）で、「箱庭療法」として心理療法でも利用されています。深い分析や解釈も可能ですが、カウンセリングに関する高い専門性がなくても実施することは可能です。砂が入った一定の大きさの箱の上に人形や物、

箱庭の事例（著者撮影）

植物、動物などのアイテムを配置し、自分の心像を表現します。箱の底面は水色で砂を扱うことで川や海なども表現できます。砂を触ること自体に癒しの効果があります。その上で、人形やアイテムを置くことで自分の気持ちに向き合う機会となります。教師が行う場合は制作過程や印象を大切にして深い解釈はやめておきましょう。児童生

徒と一緒にできた作品を眺めながら、どんな世界を作ったのか児童生徒の声に耳を傾けましょう。その中で悩みについての話題が出てくるかもしれませんし、箱庭制作過程や作品の印象評価から児童生徒の心の内を推察する一つの手掛かりになるかもしれません。

④その他教育相談で利用できるツール

「コラージュ」も教育相談で利用しやすいツールです。コラージュは絵画技法の一つですが、コラージュ療法という心理療法（芸術療法）としても行われています。雑誌の中から好きな写真やイラスト、文字などを切り抜いて画用紙に貼り付ける活動です。絵を描くよりも抵抗感が少なく簡単にできるため、取り組みやすいのが特徴です。完成したら子ど

コラージュの事例（著者撮影）

もと一緒に眺め、貼った写真などについて話を深めてみましょう。深い解釈よりは一緒に味わう気持ちで行いましょう。コラージュ制作を通して、２人が感じたことを共有する機会となり、ラポール（信頼形成）形成につながります。相談者とカウンセラーが一緒に一つの作品を制作することもできます。

また、教育相談で性格や行動特性についてテーマにすることもできます。交流分析というカウンセリング技法に自我状態を把握することができる「エゴグラム」という検査があります。人間の自我状態は、「親 parent:P」（「批判的親ＣＰ」、「養育的親ＮＰ」の２つに分かれます）、「成人 Adult:A」、「子ども Child:C」（「自由な子ども FC」と「順応した子ども AC」の２つに分かれます）で構成され、エゴグラムではこの５つの自我状態の強弱の様子から性格特性と行動パターンが把握できます。例えば、「批判的な親 CP」が高い場合は、責任感はあるが他人に批判的な傾向がある、「順応した子ども AC」が高い場合は、協調性がある一方で自分の気持ちを我慢してしまう傾向がある、など性格の一面が把握できます。エゴグラムは、児童生徒本人が質問に答えていく質問紙検査です。自分自身に目を向け始める思春期ぐらいの児童生徒が、自分の性格特性や行動パターンに気づき、自己理解を深めることができます。簡単に実施できる質問紙検査なので興味のある方はぜひ調べてみてください。

以上のようなツールを活用して、児童生徒の心に寄り添っていくことができます。教育相談担当自身が児童生徒の様子を把握することで、担任や学年教師と一緒にチームとして今後の方針を検討することが可能となります。また、担任とは違う視点から事例にかかわることでその後の対応への方針が見えてくる場合もあります。また、児童生徒だけでなく保護者の対応にも必要に応じてかかわっていきましょう。担任が対応で苦慮している保護者の場合は担任が行う保護者面接に同席することで、担任へのサポートにもなります。教育相談担当自身が児童生徒や保護者とかかわることで、より良い方向に展開することが期待できます。

（3）スクールカウンセラーとの連携

　教育相談担当は管理職であったり、学級担任や養護教諭であったりして、児童生徒に直接介入することが難しい場合が少なくありません。また、早期に専門的立場からの介入が望ましいケースもあります。その場合は早期にスクールカウンセラーとの連携を考えていきましょう。スクールカウンセラーは直接児童生徒や保護者の面接を実施したり、児童生徒の行動観察を踏まえて担任への支援方法の相談を実施（このような異なる専門性を持つ専門家による相談形態を「コンサルテーション」と呼びます）したりすることができます。特にスクールカウンセラーは、校内のスタッフでありながら心の専門家としては外部性の側面があり、教師には相談しにくい悩みを持つ児童生徒や自傷行為や希死念慮などを訴えるハイリスクな児童生徒はスクールカウンセラーへの相談を働きかけましょう。

（4）校内教育相談体制の確立と調整

　このように担任への支援、教育相談担当による問題への介入、スクールカウンセラーとの連携などを通して児童生徒や保護者への支援を進めていきましょう。教育相談は校内での連携が重要です。「校内教育相談委員会」などを定期的に開いて、校内での情報共有につなげていきましょう。また、養護教諭など校内スタッフとの連携も重要です。養護教諭は気になる児童生徒との接点が多いので定期的な情報交換が大切です。このようなスクールカウンセラーや校内の様々な立場の教師が連携を図る「チームとしての

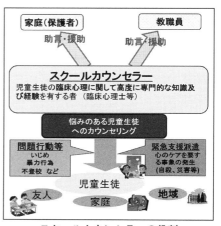

スクールカウンセラーの役割
出典：文部科学省「平成27年初等中等教育分科会
チーム学校作業部会基礎資料」より一部改訂

学校」（一般的に「チーム学校」と呼ばれています）による教育相談体制の充実を図っていきましょう。

（5）関係機関との連携

　教育相談では校外の関係機関との連携が必要な場合もあります。児童虐待が疑われる場合の区市町村の窓口はどこなのか、保護者の経済的な問題、発達面、外国人児童生徒に関する相談窓口はそれぞれどこなのか、区市町村のおもな関係機関の情報を把握しておきましょう。最近は区市町村教育委員会にスクールソーシャルワーカーの配置が進んできています。スクールソーシャルワーカーは、おもに関係機関との調整や家庭への介入等を行います。校内だけで解決

スクールソーシャルワーカーの役割
出典：文部科学省「平成27年初等中等教育分科会
チーム学校作業部会基礎資料」より一部改訂

が難しいケースについては、スクールソーシャルワーカーを活用して他機関との連携を積極的に行っていきましょう。

4　保護者への教育相談における配慮

（1）小学校入学後間もない保護者

　教育相談での保護者への配慮事項を取り上げます。保護者との連携で大切な点は、児童生徒の生活年齢に応じた保護者とのコミュニケーションです。特に小学校入学後間もない時期の保護者との連携は重要です。幼稚園や保育所の生活から小学校入学後の生活の変化に児童が戸惑い、気になる行動につながることがあります。小学校に入学したばかりの子どもたちの落ち着きのなさが続く状態は「小1プロブレム」と呼ばれます。背景にはいくつかの要因が考えられますが、急激な環境の変化（遊びが多い幼稚園などの生活から、席に座って学習する生活への変化）による子どもの不安や戸惑いが指摘されています。児童だけでなく、保護者にとっても大きな環境の変化による戸惑いがあります。幼稚園や保育所では教師や保育士と保護者のやり取りが日常的に行われています。しかし小学校に入学するとその関係が以前より希薄になり、不安になる保護者も少なくありません。特に配慮の必要な児童でなくても保護者の多くは学習や友人関係など子どもの学校での様子を心配しています。そのような保護者の心情を理解して、特に小学校1年生は学校での様子を積極的に保護者に伝えて、コミュニケーションを図っていきましょう。小学校では学年を重ねることで、児童自身が学校の様子を家庭に直接伝えることができるようになってきますが、定期的な懇談会や授業参観を通して教師が丁寧に児童生徒の様子を伝えていくことが大切です。あわせて、家庭での児童生徒の様子も聞き、養育の悩みなどにも担任が耳を傾けましょう。担任が保護者と良いコミュニケーションを図れることが望まれますが、保護者とのズレが生じた場合は早期に教育相談担当がフォローしていくことも大切です。

（2）障害のある子どもを持つ保護者

　特別支援教育相談については次に詳しく取り上げますが、障害のある子どもを持つ保護者に対しては様々な配慮が必要です。特に大切なのは児童生徒の障害について、保護者との情報交換や教師間の引き継ぎを踏まえ、学校としての対応を統一することです。小学校入学段階には保護者や幼稚園・保育所から子どもの情報を入手して、実態把握を行い、それを「個別の教育支援計画」や「個別の指導計画」という形で紙面に落とし込んで保護者と連携した教育活動を実践していきましょう。教師から積極的に保護者との情報交換機会を設定し、連携する姿勢が重要です。特別支援教育に苦手さを感じる教師の多くは、特別支援教育の知識や経験が少ないため自信がなく不安を抱いてしまいます。障害について知らなければそれは仕方ありませんが、障害に関する知識は研修などで学び、補っていくことができます。何よりも大切なのは、保護者へ積極的に児童生徒の様子を聞いていく連携と学びの姿勢です。しかし、保護者の希望だけに沿った指導

を進めるわけではありません。保護者から児童生徒の情報を入手したら、障害の特性や実態を踏まえてどんな指導を進めていくのかを考えるのは教師の専門性です。学習指導の方向性を保護者へ提案するなど教師としてのリーダーシップも保護者から期待されています。わからない障害のことを教えてもらう謙虚な姿勢と学習指導や生活指導の方向性を積極的に示していくことが大切です。

　また、保護者の不安や不信につながりかねない対応として、学年を超えた情報の引き継ぎの問題があげられます。学年が変わると担任の指導スタイルが大幅に変わってしまうことがあります。せっかく一年かけて教師のやり方に慣れてきた児童生徒にとって、やり方が変わることは大きな不安要因になります。できていたことができなくなってしまうこともあります。障害のある児童生徒にとって大切なのは、「わかりやすい生活環境」の設定です。特に年度当初は前年度の担任のやり方を参考にして、障害のある児童生徒が戸惑わない工夫をしましょう。もちろん教師による指導スタイルの違いはありますが、「個別の指導計画」を活用し前年度のやり方を踏襲し、スムーズに新しい学年を迎えられるようにしましょう。前年度のやり方が引き継がれていないことに保護者は大きな不安や不信を抱きます。特に特別支援教育コーディネーターは上記点を踏まえ、担任と保護者の関係性を把握し、必要に応じて早期に担任への支援を進めていきましょう。

（3）不登校傾向の子どもを持つ保護者

　不登校や登校しぶりのある子どもを持つ保護者への配慮も必要です。不登校についてはⅣ章で詳しく取り上げますが、教師は保護者に対して常に一緒に考えていく姿勢を大切にしましょう。不登校の初期段階では不登校になった原因を学校に求める保護者も少なくありません。不登校の原因は様々で学校に問題があって不登校になる場合ももちろんありますが、家庭での親子関係が影響している場合もあります。子どもが学校に行かないことで大きく動揺し、子どもの行動がわからない不安から原因探しにつながっていく保護者の心情を理解しておきましょう。不登校の背景の捉え方が保護者の視点と教師の視点で異なる場合もあります。早期に教育相談担当者やスクールカウンセラーが保護者との面接を設定するなど、担任一人で抱え込まないように配慮しましょう。その場合も、保護者の心情に寄り添いながら学校と保護者との定期的な連携が必要です。

（4）学校への要求が強い保護者

　学校に対して、特別な対応や配慮を求められる保護者がいます。しかし、初めから学校での特別な対応を望んでいたわけではありません。最初は当たり前の対応を要望していたものの、学校の考えや思いとのズレがあり、保護者の気持ちを受け入れてもらえなかった結果として要求が高くなってしまうケースもあります。つまり、学校への要求が強い保護者の中には、「自分の気持ちをわかってもらえていない」、「大切にされていない」という漠然とした不満の積み重ねが原因である場合が少なくありません。

保護者が家庭や学校のことについて困ったことを相談する場合は、まずは「傾聴」して、何に困っているのかをしっかり共感的に理解しましょう。多くの教師は、保護者からの要望を聞くと、「それはできません」や「〇〇さんだけにそういう対応は難しいです」などのように、保護者の声をじっくり聞く前に結論を伝えてしまっていることも少なくありません。学校に対して要望をする保護者の心情に焦点を当てて、保護者に対してすぐに対応について返答をするのではなく、どのような支援ができるかを一緒に考えていく姿勢が重要です。また教師の言葉がけ一つで不安になってしまう保護者もいます。例えば、学校での子どもの様子を心配している保護者に対して教師が「学校では元気ですよ」、「大丈夫ですよ」と安心させる意味で使った言葉も、不安の高い保護者にとっては根拠のない言葉として、逆に教師の不信感につながる場合もあります。まずは保護者の心情を理解し、その上で対応すべき要望はしっかり検討した上で返答したり、また違う視点からできる支援なども一緒に考えたりして伝えてみてはいかがでしょうか。要求が強くなってしまう保護者の多くは、学校やこれまでのやり取りの中でネガティブな経験をしている場合があることを理解しておきましょう。早期に教育相談担当が介入して、担任と保護者が一緒に考える時間を持つなど、良い連携を図ることができるように働きかけていきましょう。

（5）攻撃的な保護者

　保護者自身のもともとの性格特性が影響して学校への強い要求につながる場合もあります。よく「クレーマー」とか「モンスターペアレンツ」と呼ばれることがあります。もちろんこれまでの学校におけるネガティブな体験の積み重ねの影響もありますが、保護者自身が発達やパーソナリティの課題を抱えているケースもあります。そ

のため問題を捉える視点が狭く、児童生徒の問題を広く捉えることができなかったり、問題解決のために他者を攻撃してしまったりすることがあります。曖昧な状況に耐えられないなど、その特性から徹底的に学校を追及してしまうことがあります。この場合一番疲弊するのは担任です。毎日のように保護者から長時間に渡る電話対応を余儀なくされることがあります。このようなケースでは、担任支援のため早期に教育相談担当が介入していきましょう。対応の基本はできるだけ二人一組で保護者に対応することです。「言った」、「言わない」などのすれ違いにならないようにしましょう。毎日の電話のやり取りよりも、できる限り日時と相談時間を決めて対面による相談をしましょう。日頃の連絡帳のやり取りも担任は他の業務があるため、できるだけ完結なやり取りをお願いしておきましょう。このような相談の構造（ルール）をしっかり作ってできるだけ教師二人で対応し、決して特別扱いをするのではなく、「できること」と「できないこと」をはっきりさせて、支援の方向性を保護者と共有することが重要です。

5 特別支援教育相談

（1）特別支援教育に関する教育相談の進め方

　特別支援教育では学校と保護者との連携が欠かせません。特別支援教育に関する保護者への教育相談として、①就学に関する相談、②保護者との日常的な連携、③障害のある子どもの養育と保護者の障害受容、について説明します。なお、障害のある児童生徒の相談では、気になる子どもの気づきと実態把握が大切です。知的障害や発達障害の児童生徒の理解の視点については、Ⅱ章で取り上げるので参照してください。

①就学に関する相談

学校教育法施行令　第22条の3に規定する　特別支援学校の就学基準（文部科学省）

区　分	障害の程度
視覚障害者	両眼の視力がおおむね〇・三未満のもの又は視力以外の視機能障害が高度のもののうち、拡大鏡等の使用によつても通常の文字、図形等の視覚による認識が不可能又は著しく困難な程度のもの
聴覚障害者	両耳の聴力レベルがおおむね六〇デシベル以上のもののうち、補聴器等の使用によつても通常の話声を解することが不可能又は著しく困難な程度のもの
知的障害者	一　知的発達の遅滞があり、他人との意思疎通が困難で日常生活を営むのに頻繁に援助を必要とする程度のもの 二　知的発達の遅滞の程度が前号に掲げる程度に達しないもののうち、社会生活への適応が著しく困難なもの
肢体不自由者	一　肢体不自由の状態が補装具の使用によつても歩行、筆記等日常生活における基本的な動作が不可能又は困難な程度のもの 二　肢体不自由の状態が前号に掲げる程度に達しないもののうち、常時の医学的観察指導を必要とする程度のもの
病弱者	一　慢性の呼吸器疾患、腎臓疾患及び神経疾患、悪性新生物その他の疾患の状態が継続して医療又は生活規制を必要とする程度のもの 二　身体虚弱の状態が継続して生活規制を必要とする程度のもの

　障害のある幼児児童が小学校・中学校や特別支援学校へ就学するにあたっては、希望する学校との就学相談を実施しています。保護者と子どもが特別支援学校や小学校・中学校で教育相談（就学相談）を受け、それぞれの教育の特色を理解して就学先を検討していきます。特別支援学校の障害ごとの就学基準が「学校教育法施行令第22条の3」に定められています。この基準を参考にして、本人や保護者の意向を最大限に尊重しながら学校との合意形成を図り、就学先が決定されます。障害の有無にかかわらず一緒に過ごす共生社会に向けたインクルーシブ教育では、障害の程度だけで就学先を決めてしまう考え方は望ましくありません。日本におけるインクルーシブ教育は、小・中学校における通常の学級、通級による指導、特別支援学級と特別支援学校など「連続性のある多様な学びの場」を保障するインクルーシブ教育システムです。就学相談では、それぞれの学びの場における教育の特色を示し、保護者が子どもの姿と照らし合わせて考えることができるような相談を心がけましょう。そして、保護者の意向を踏まえ、学校担当者や教育委員会担当者の意見に加え医療や福祉の専門家の視点を

入れて就学先を決定していきます。ここで対応する担当者には、「児童生徒の実態把握」、「適切な情報提供」、「保護者の意向を尊重する姿勢」の３つの視点が必要です。まず、児童生徒との面接やこれまでの教育・医療・福祉機関の情報を元に実態を把握しましょう。その上で児童生徒の実態に合った就学先のメリットやデメリットを考えて、保護者へ「情報提供」することが必要です。それぞれの就学先でどのような教育が行われているのかをわかりやすく伝えましょう。ここで注意したいのは伝える内容は「情報提供」であって、「お子さんには〇〇〇の就学先が望ましいですね」など学校から就学先を示すことではありません。保護者が選択しやすいような情報提供をしたり、学校見学を促していったりすることが大切です。また、中学校や特別支援学校高等部卒業後の進路や就労までを含めた中長期にわたる情報提供の視点も必要です。「保護者の意向を尊重する姿勢」で、本人と保護者がより良い就学先を決定できるような相談を心がけましょう。

②保護者との日常的な連携

　次に特別支援教育における日常的な担任と保護者の連携について取り上げます。特別支援学校や小・中学校の特別支援学級に在籍する児童生徒の中で、特に障害の重度な児童生徒たちは学校での様子を家庭で伝えることが難しいため、担任が毎日の様子を保護者へ伝えていくことが大切です。連携方法としては、毎日の「連絡帳」の活用が欠かせません。連絡帳を通して家庭からは健康状態をはじめとした家庭での様子を把握し、学校からは授業など学校での様子をわかりやすく伝えます。特別支援学校や特別支援学級では、授業の参加の様子を写真に撮って貼り付けるなど、児童生徒の表情がわかりやすくなるような工夫をしている教師もいます。ぜひ学校でその日に児童生徒が頑張って取り組んでいた姿を取り上げましょう。連絡帳は何よりも保護者にとって児童生徒の成長の軌跡となるので、丁寧な情報交換をしていきましょう。ただし、連絡帳ばかりに頼りすぎるのも良くありません。例えば、児童生徒が怪我をした場合は、連絡帳ではなく電話や家庭訪問などを通してその起きた状況を直接伝えることが大切です。また、日頃の悩みを連絡帳に長文で書き綴る保護者もいます。教師として保護者の養育を支えていくことも大切ですが、教師が連絡帳を記入する時間は限られているので、毎日お互いが長いコメントを書き続けてしまうのはできるだけ避けましょう。そのためには自由帳ではなく、枠のある書式を用意して利用するのも一つの方法です。また、保護者の悩みには懇談会などを頻繁に設定したり、相談日時を決めて話をしたりするようにしましょう。連絡帳は日頃の様子を伝えることのできる有効なツールですが、連絡帳だけに頼り過ぎずに電話や対面による情報交換が必要であることも理解しておきましょう。また特別支援教育コーディネーターは、障害のある児童生徒について、保護者へ事前了解を得た上で連絡帳にできるだけ目を通して、日頃の担任と保護者のやり取りを把握しておくと良いでしょう。

③障害のある子どもの養育と保護者の障害受容

　障害のある子どもの養育は、保護者にとって多大な苦労を伴う場合があります。そのため教師は障害のある児童生徒の保護者の子育ての大変さを理解し、子育てを支援する姿勢が大切です。障害のある児童生徒の保護者の教育相談では、障害のある子どもを持つ親の障害受容過程を理解しておきましょう。図は先天奇形の子どもを持つ親の障害受容の心情の変化を段階的に表したものです。「Ⅰ．ショック」、「Ⅱ．否認」、「Ⅲ．悲しみと怒り」、

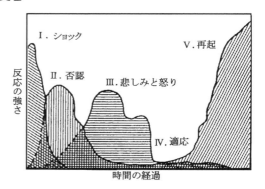

先天奇形をもつ子どもの誕生に対する正常な親の反応の継起を示す仮説的な図（Drotar,et al,1975）
出典：中田洋二郎「親の障害の認識と受容に関する考察」早稲田大学心理学年報より引用

「Ⅳ．適応」、「Ⅴ．再起」と心情の変化を表しています。障害のある子どもが生まれ、障害を告げられると強い衝撃を受け、「ショック」が現れます。悲しみを感じたり、自分を責めたりする心情です。次にそれを現実として受け入れられず、「医者の誤診ではないか」と他の病院を渡り歩くなどして（これを「ドクターショッピング」と呼びます）事実を受け入れられない「否認」へと移ります。しかし、次第に現実のこととして受け入れていき、「悲しみと怒り」が襲ってきます。その後子どもと向き合い、子どものためにできることをしていこうとする前向きな姿勢である「適応」に至ります。さらには、「この子がいたからこそ家族が幸せな生活を送れることができた」、という前向きな「再起」に至る心情のプロセスがあります。これを障害受容の「段階モデル」と呼びます。このように障害のある子どもの保護者の教育相談では、保護者が障害受容のどの段階にあるか、を考えて対応することが必要です。特に障害受容に至っていない保護者は障害のある子どもを頑張らせて健常の児童生徒に近づけようと躍起になることも少なくありません。保護者の心情も踏まえながら、目の前の児童生徒に向き合うような支援が必要です。

　この障害受容の「段階モデル」は、先天奇形の子どもを持つ親の障害受容の過程であり、障害と診断されるのが遅かったり、見た目ではわかりにくかったりする発達障害などは必ずしもこのような段階をたどらない場合もあります。例えば小学校入学後に発達障害の診断を受けた保護者の中には、それまでの子どもの困った行動について、「育て方が悪いのでは？」と周囲から責められてきた保護者も少なくなく、診断が出たことで納得し、「自分の育て方が悪かったわけではない」と、安心

障害の受容の過程（螺旋形モデル）

出典：中田洋二郎「親の障害の認識と受容に関する考察」早稲田大学心理学年報より引用

される場合もあります。また、障害の二次障害として学齢期にパニックなど行動面での課題が繰り返される場合には、必ずしもすべての保護者が障害受容に至るとは限りません。障害受容の「螺旋形モデル」という考え方があります。パニックなど児童生徒の行動に課題がある場合は、気になる行動が起こるため「落胆」と「適応」の心情が交互に現れてくるモデルです。障害の状態によっては、このような保護者の心情を理解した教育相談が必要になります。

　また、障害のある子どものいる家庭の課題として、「きょうだい（「きょうだい児」とも呼ばれます）」の課題も理解しておきましょう。障害のある子どもの兄弟（姉妹）の心の問題です。障害のある子どもは障害の程度が重度であれば幼少期から病院へ通院する機会が多くなります。特に母親は障害のある子どもの入院に付き添うことが多くなり、兄弟（姉妹）へ接する機会が減ってしまいます。そのため保護者自身が罪悪感を抱いたり、兄弟（姉妹）の心の問題にもつながったりすることがあります。そのような保護者の心情と兄弟（姉妹）の気持ちを理解し、障害のある子どもの兄弟（姉妹）を担任する場合は親子関係における満たされない寂しさなどを抱いている心情を理解しておきましょう。

（2）合理的配慮

　障害者差別解消法（障害を理由とする差別の解消の推進に関する法律）が施行され、障害者への差別の禁止と合理的配慮の不提供の禁止が定められました。障害の有無にとらわれない共生社会の実現に向けて、学校現場でも合理的配慮が必要になりました。「合理的配慮」は障害のある児童生徒が障害のない児童生徒と一緒に生活したり活動に参加したりする上で、必要な配慮のことです。通常の学級で障害のある児童生徒が健常の児童生徒と一緒に過ごすために必要な支援なので、必ず入学前に本人や保護者からの意見や要望を確認しておきましょう。その上で学校でできる配慮を一緒に考え、保護者・本人と学校の合意形成を持って合理的配慮が提供されることになります。もう一つの支援の視点として「基礎的環境整備」があります。例えば車椅子の児童生徒が入学するにあたり、あらかじめスロープをつけたりエレベーターを設置したりするのが「基礎的環境整備」です。この基礎的な環境設定をベースにして、例えば肢体不自由の子どもであれば、教室で過ごす際に車椅子で動けるスペースを確保したり、荷物の取りやすい場所にロッカーを決めたり、トイレで支援者に手伝ってもらったりする支援が「合理的配慮」です。「基礎的環境整備」は障害のある児童生徒誰にも必要な支援であり、「合理的配慮」は障害のある児童生徒たち一人一人によって異なる必要な支援です。

（3）個別の教育支援計画、個別の指導計画

　次に「個別の教育支援計画」、「個別の指導計画」の作成について取り上げます。新学習指導要領では小・中学校の特別支援学級と通級による指導を受ける児童生徒について、これら二つの計画の作成が義務化されました。障害のある児童生徒は、一生に

渡って様々な関係機関との連携した支援が必要です。「個別の教育支援計画」は学齢期に学校が中心になって作成する関係機関と連携した支援を行うための計画です。作成すること自体が目的でなく、作成した資料を保護者や関係機関との連携で活用していくことが重要です。そのためには福祉機関や医療機関、労働機関と共有できる方法を工夫しましょう。また、「個別の指導計画」は授業での一人一人の指導目標や支援方法を定めた計画です。通知表などと一体化するなど評価方法も含めた作成方法を検討していきましょう。なお、通常の学級に在籍する障害のある児童生徒についての個別の教育支援計画や個別の指導計画の作成は「作成・活用に努める」とされ、義務化されていませんが、書式を工夫して担任の作成労力を軽減することで、通常の学級での作成を広げていきましょう。

　また、小・中学校の特別支援学級や特別支援学校では、進級時に児童生徒が新しい学級や教師に戸惑わないために、「個別の教育支援計画」、「個別の指導計画」をもとに新担任への引き継ぎをしましょう。可能であれば新年度開始後、児童生徒の実態を踏まえて対面による新旧担任間の引継ぎができると子どもの理解にもつながります。また、小学校から中学校へ、中学校から高等学校や特別支援学校などへの進学先に情報をつないでいくことも大切です。保護者の了解を得て、作成した「個別の教育支援計画」、「個別の指導計画」の情報を進学先に提供したり、就労先には特に配慮が必要な点などを記載した「（就労）移行支援計画」を新たに作成して情報を提供したりしていきましょう。

（4）特別支援学校のセンター的機能の活用

　最後に特別支援学校のセンター的機能を紹介します。特別支援教育になって特別支援学校は地域の障害についてのセンター的役割を担うことが定められました。この主旨に基づいて、特別支援学校が地域の保護者相談や幼稚園、小・中学校、高等学校教師への障害に関する指導方法等の支援を行っています。小・中学校への定期的な巡回相談などを通して、特別支援学級や通級による指導の児童生徒だけでなく、通常の学級に在籍する配慮の必要な児童生徒の指導に関する助言を受けることができます。障害のある児童生徒への指導・支援で困っている場合はぜひ活用してみましょう。また、小・中学校などの教師を対象とした研修会を開催している特別支援学校もあります。

6　危機対応・緊急支援

　児童生徒の自殺など学校における事故・事件が起きると、児童生徒や教職員、保護者の心に深刻な影響を及ぼします。ここではこのような学校危機に対して、特に心のケアの視点から必要となる緊急支援について説明をします。

（1）おもな学校危機

　学校におけるおもな危機としては、「児童生徒の自殺」、「学校の管理責任下で生じた事件・事故による児童生徒の死傷」、「交通事故、火災など学校管理責任外の事故による児童生徒の死傷」、「自然災害による被害」、「地域で生じた衝撃的な事件」、「児童生

徒による殺傷事件」、「教師の不祥事の発覚」、「教師の自殺など突然の死」があげられます（福岡県臨床心理士会・窪田）。

（２）学校危機への対応―緊急支援

　学校では事件・事故が起きると、校長を中心とする「危機管理チーム会議」を構成し対応にあたることになります。特に児童生徒の自殺が起きたときには、周囲の子どもたちへの心のケアが重要です。まずはチーム編成を踏まえ、情報収集を行い、スクールカウンセラーの態勢を整え、「遺族へのかかわり」、「情報収集・発信」、「保護者への説明」、「心のケア」、「学校再開の準備」などの対応が求められます（文部科学省）。緊急事態のため学校の教職員は対応に追われて余裕のない状態となりますが、何よりも、「遺族の気持ちに寄り添うこと」、「心のケアに努めること」、「学校の日常活動の回復に努めること」、「自殺の場合は連鎖（後追い自殺）など二次的な問題が生じない配慮」を心がけていくことが必要です。学校の危機対応としては、校長のリーダーシップが必要ですが、教育相談担当としてはメンバー間の情報交換に努めましょう。

　事故や事件が発生すると、都道府県教育委員会や都道府県の臨床心理士会へ「緊急支援」の派遣を要請することができます。ここでは福岡県臨床心理士会「学校における緊急支援の手引き」を参考に臨床心理士などが行う、心のケアに関する緊急支援プログラムの概要を取り上げます。教育相談担当の立場では大きなねらいを理解しておきましょう。

（３）臨床心理士などが行う学校への緊急支援プログラム

　緊急支援とは、「おおむね事件・事故発生もしくは発覚後数日間に渡って行う活動で、教職員、児童生徒、保護者に対して行う「事実の共有」、「ストレス反応と対処についての情報提供」、「個々人の体験の表現の機会の保証」であるとされています。つまり、心の傷の応急処置であり、不安と苦痛を和らげ、回復を促し、心のケアについてハイリスクの対象者を発見し専門的機関につなぐなどの役割や二次的な心の傷を予防するようなかかわりです。

　大きく次の３点があげられます。

①教職員への支援

　・危機的状況下での子どものストレス反応と対処方法の情報提供

　・教職員への心理的援助（グループセッション、リラクセーション体験などによる
　　心のケア）

　・児童生徒対応についての相談・助言（児童生徒面談やアンケート実施方法について）

②児童生徒への支援

　・特別な配慮の必要な児童生徒の面接相談

　　（心のケア、心の危機のアセスメントと医療への紹介など）

③保護者への支援

　・緊急保護者会での保護者向けの説明（児童生徒の心理的反応と家庭での対応方法

について)

　上記の支援について、臨床心理士などによる学校への派遣があげられます。事故・事件発生後の３日から７日がとても大切な時期になります。学校の日常を少しでも早く取り戻せるように教育相談担当は、緊急支援チーム（臨床心理士など）と学校をつないで、児童生徒や教職員、保護者の心のケアに努めましょう。

7　教師が参加できる学会や取得できるおもな心理の資格

　教育相談担当や特別支援教育コーディネーターは、教育相談の理解を深めたり、カウンセリング技術を向上させたりするために、民間で行われている研修会にぜひ参加してみましょう。また、より深い学びや専門性の向上に向けて、教育相談に関する学会へ参加したりカウンセリングに関する資格を取得したりしてみてはいかがでしょうか。学校の教師が参加できるおもな学会としては、「日本学校教育相談学会」、「日本教育心理学会」、「日本学校心理学会」、「日本 LD 学会」、「日本特殊教育学会」などがあげられます。他にも様々な学会があるので、興味のある方は調べてみてください。また、教師が取得できる心理学や教育相談、特別支援教育の資格もあります。おもな資格としては「学校心理士」、「臨床発達心理士」、「特別支援教育士」、「教育カウンセラー」があげられます。教育相談のスキルアップとして目標にしてみてはいかがでしょうか。興味のある方はぜひホームページなどで調べてみてください。

参考文献

第Ⅰ章

文部科学省（2010）「生徒指導提要」

文部科学省（2017）「中学校学習指導要領解説（特別活動編）」

石隈利紀（1999）「学校心理学」誠信書房

学校心理士資格認定委員会（2003）「学校心理学ガイドブック」

八巻寛治（2001）「構成的グループエンカウンター・ミニエクササイズ 56 選小学校版」明治図書

平木典子（2000）「自己カウンセリングとアサーションのすすめ」金子書房

内閣府自殺対策推進室（2013）「ゲートキーパー養成研修用テキスト（第 3 版）」

川野健治・勝又陽太郎（2018）「学校における自殺予防教育プログラム GRIP －グリップ－」新曜社

文部科学省（2009）「教師が知っておきたい子どもの自殺予防」

細川佳博・山中康裕（2017）「MSSM への招待 描画法による臨床実践」創元社

氏原寛・小川捷之・東山紘久・村瀬孝雄・山中康裕（1992）「心理臨床大事典」培風館

氏原寛・岡堂哲雄・亀口憲治・西村州衛男・馬場禮子・松島恭子（2006）「心理査定実践ハンドブック」創元社

高橋雅春・高橋依子（2010）「樹木画テスト」北大路書房

新見俊昌（2010）「子どもの発達と描く活動　保育・障がい児教育の現場へのメッセージ」かもがわ出版

小林重雄・伊藤健次（2017）「グッドイナフ人物画知能検査　新版ハンドブック」三京房

高橋雅春・高橋依子（2010）「人物画テスト」北大路書房

三上直子（1995）「S-HTP 法－統合型 HTP 法による臨床的・発達的アプローチ」誠心書房

文部科学省（2015）「平成 27 年初等中等教育分科会チーム学校作業部会基礎資料」初等中等教育局

文部科学省 HP　学校教育法施行令第 22 条の 3（就学基準）

中田洋二郎（1995）「親の障害の認識と受容に関する考察 - 受容の段階説と慢性的悲哀」早稲田大学心理学年報第 27 号

大山卓・後上鐵夫（2008）「特別支援学校 (養護学校) におけるセンター的役割としての地域支援の実際－保護者と学校の協働を促すコンサルテーション－」国立特別支援教育総合研究所教育相談年報第 29 号

福岡県臨床心理士会・窪田由紀（2017）「学校コミュニティへの緊急支援の手引き 第 2 版」金剛出版

文部科学省（2010）「子どもの自殺が起きたときの緊急対応の手引き」

第Ⅱ章

教育相談のための
学校心理学の基礎

第Ⅱ章

教育相談のための学校心理学の基礎

1　児童生徒が抱える問題の理解

（1）児童生徒の精神疾患

　現代社会はストレス社会と言われ、精神疾患を抱える人は年々増加傾向にあります。これは成人に限ったわけではなく、10代のうつ病も最近は増加傾向にあります。また、不登校の背景に発達障害や精神疾患が潜んでいるケースも少なくありません。統合失調症は10代で発症することもあり、小学校・中学校や高等学校の教師にとって精神疾患の基本的な理解が欠かせません。特に教育相談担当や特別支援教育コーディネーターはおもな精神疾患の概要を理解して、心配な児童生徒がいる場合はできるだけ早期に家庭や医療機関と連携していくことが重要です。ここでは児童生徒の精神疾患や発達障害などについて取り上げます。児童生徒の症状の現れ方は成人と異なり判断が難しい場合もありますが、まずはそれぞれの特徴を押さえておきましょう。ただし、実際の児童生徒の診断は医師が行うものです。学校が担うのは気になる児童生徒を把握し、医療機関へつなぐ役割です。必ず医師の指示を仰ぎ、安易な判断をしないように注意してください。

①気分障害

　ここでは気分にかかわる精神疾患を「気分障害」に分類し、「うつ病」、「双極性障害」を取り上げます。また、うつ病と混同されやすい、ストレス障害の「適応障害」についても合わせて取り上げます。なお、これまでの医療機関における診断基準であるDSM-Ⅳ（精神疾患の診断・統計マニュアル）では、うつ病と双極性障害は同一のカテゴリー（気分障害）でしたが、新しい診断基準であるDSM-5（精神疾患の診断・統計マニュアル）になり別々のカテゴリー（抑うつ障害群・双極性障害および関連障害群）に変わりました。ここでは従来の気分障害のカテゴリーで説明します。

うつ病

　うつ病はこころの風邪と言われるぐらい現代社会では誰もがかかる可能性の高い気分障害の一つです。普段の様子と明らかに異なり、元気がなく塞ぎ込んでしまったり、集中力や気力がなくなったりするなどの兆候が見られるなど、児童生徒の様子の変化を見逃さないようにしましょう。うつ病などによる心のストレスのサインは、憂鬱な「気分症状」、そわそわするなど「行動症状」、集中力がなくなる「思考・認知症状」、眠れ

ないなど「身体症状」に現れます。これら
のサインに注意しましょう。

❶症状

　うつ病の代表的な症状としては、「抑う
つ気分」があげられます。普段元気なのに
急に言葉が少なくなったり、塞ぎがちにな
ったりする状態です。うつ病ではこの「抑
うつ気分」を主症状とし、興味や意欲の喪
失、著しい体重変化、不眠、希死念慮など
の様々な心身の反応および思考・感情の変
化が見られます。

❷原因

　ある出来事（イベント）がきっかけで発症する場合がありますが、必ずしも何か特
定の出来事が原因とは限りません。うつ病はいろいろな要因が重なって発症するため
原因を特定できないと考えられています。ネガティブな思考様式など本人の性格要因
と環境要因が絡み合っていることが多いようです。そのため心の負担となっている原
因を取り除くなど環境調整ももちろん大切ですが、それだけでは回復が難しい場合も
少なくありません。

❸治療・対応

　何よりも休息・休養が大切です。うつ病の
児童生徒は現在の学校や家庭生活で過剰適応、
つまり頑張りすぎている状態にあると捉え、
児童生徒の状態に応じて無理な登校を避け、
家庭での休息・休養、別室登校や時間差登校
など一人一人の児童生徒に応じた登校スタイ
ルを考えてあげましょう。抑うつ状態が長く

続く場合やその程度が激しい場合は、早期に医療機関の受診を念頭に保護者との連携
を図りましょう。医療機関では必要に応じて投薬やカウンセリングが行われます。長
期の治療が必要になる場合もありますので、家庭や医療機関との連携が大切です。

　対応では、「うつ病の人を励ましてはいけない」とよく言われますが、どうしてでしょ
うか。先ほども述べましたが、うつ病の児童生徒は学校や家庭での過剰適応が背景
にある場合があります。学校の課題や保護者の期待などに応えたい気持ちが強くて、
頑張ってしまうわけです。頑張りすぎた結果がうつ病として現れます。したがって「頑
張って」という励ましの言葉は、声をかける側には悪気はなく励ます気持ちであっても、
本人にとっては、「まだ頑張らなくちゃいけないんだ!?」、「何を頑張ればいいの?」と
さらに辛い気持ちに追い込まれてしまうわけです。そのような児童生徒の心情を察し

て、今の気持に共感するような「辛かったね」、「頑張ってきたね」などの言葉をかけてあげるのが良い対応です。

うつ病で特に気をつけないといけないことは、自殺を防ぐことです。うつ病にかかると、自己肯定感が下がり、「無価値な自分」という否定的な自己に対する気持ちが頭の中を巡ります。つらい状況から抜け出すために、死にたいと思う「希死念慮」や自殺の方法を調べるなど「自殺願望」が出てくる場合もあります。抑うつ状態に加えて希死念慮を訴える場合は、本人の気持ちを尊重しながら受容的対応を心がけ、早期に保護者や医療機関と連携して、悲しい結果につながらないように配慮することが必要です。

双極性障害

「双極性障害」は、以前は躁うつ病とも呼ばれていました。気分が高まる「躁」と気分が落ち込む「抑うつ」が交互に現れてくる精神疾患です。

❶症状

「躁」は気分の異常な高揚や「何でもできる」と思う自尊心の肥大などの活動性が特徴です。一方、「抑うつ」はうつ病であげた「抑うつ」の症状と同様です。抑うつ状態とそれに伴う様々な心身反応が見られます。双極性障害はこの二つの「躁」と「抑うつ」の状態

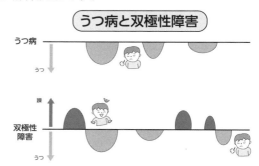

が交互に現れる疾患です。「躁」はその症状の軽重に個人差があり、特に軽い「躁」状態の判断が難しく、「うつ病」と間違えられてしまうことがあるので注意が必要です。また、気分変動の周期や症状の程度には個人差があります。症状によっては抑うつ状態の際は外出もできず、人と話もできない状態になり、一方躁状態になるとおしゃべりが止まらなかったり、

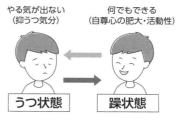

活動的になったりする様子が見られます。先にあげたように特に躁状態の際は自信がみなぎり、「なんでもできる」という万能感を抱き、気持ちが大きくなってしまう傾向があります。

❷治療・対応

双極性障害は「うつ病」よりも重篤な精神疾患であると理解してください。医療機関の受診と服薬が欠かせません。必ず医師の指示を踏まえた対応を心がけましょう。

周囲の対応としては、「抑うつ」状態の際はうつ病同様の対応を心がける必要がありますが、「躁」状態は行動化が見られる場合があります。普段できない無理なことまで取り組もうとすることがあるので、場合によっては周囲がブレーキをかけてあげる必要があります。

　以上が「うつ病」、「双極性障害」の概要です。一日の中での気分変動や季節や気圧などによる気分の浮き沈みが激しかったりする場合もあるので、児童生徒の小さな変化を見逃さないようにしましょう。また、児童生徒の場合は成人と比べて現れ方がわかりにくい場合があります。上記症状に該当しない状態であっても、その兆しがあれば注意深く児童生徒の様子を見守っていきましょう。

適応障害

　次にうつ病と混同されやすい「適応障害」について取り上げます。「適応障害」は気分の障害ですが、ストレスと関連の深い疾患です。「適応障害」とはどのような症状で、「うつ病」とどのように違うのでしょうか。

❶症状

　症状はうつ病に似ています。抑うつ状態とそれに伴う様々な心身反応が見られます。しかしうつ病との大きな違いは、明確なストレスが原因による症状であることです。つまり、「適応障害」はストレス反応としての疾患であり、うつ病と異なりストレスとなる原因が明確な場合を「適応障害」と呼びます。したがって「適応障害」はストレス要因（これを「ストレッサー」と呼びます）の改善に伴って症状も改善してきます。しかし、ストレス要因が改善されても６か月以上その症状が続く場合は「うつ病」と診断される場合もあります。また特に強いショックを受けてストレス反応を示す場合は、心的外傷後ストレス障害（PTSD）の場合もあります。PTSDについては後ほど取り上げます。

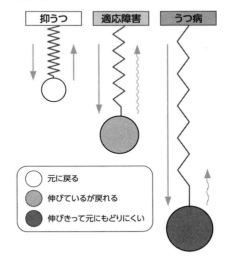

❷治療・対応

　対応は学校や家庭などでの高すぎる目標やショッキングな出来事などがストレス要因なので、まずは環境調整と休息・休養が必要です。うつ病と異なり、特にストレス要因（ストレサー）の改善が欠かせません。環境調整による改善にまず取り組みましょう。症状自体はうつ病と似ていて、不眠や不安などの症状がひどい場合もあります。

その場合は早期に医療機関の受診が必要です。

②不安障害（不安症群）

　次に不安障害を取り上げます。不安から生じる症状を特徴とするのが「不安障害」です。代表的な疾患として「強迫性障害」があげられます。なお、DSM-5では不安症群として全般不安症（全般性不安障害）やパニック症（パニック障害）があげられています。強迫症および関連症群（強迫性障害および関連障害群）に強迫症（強迫性障害）が、心的外傷およびストレス因関連障害群に心的外傷後ストレス障害が分類されていますが、ここではすべて「不安障害」として取り上げました。

強迫性障害

　何度も手を洗わないと気が済まなかったり、何度も家の施錠を確認したりする行為で生活に支障が出てしまうのが「強迫性障害」です。強迫観念（例えば、施錠したか不確かな不安）と強迫行為（例えば、何度も施錠を確認しなくては気が済まない）がその症状の特徴です。

パニック障害

　次に、最近話題になることが多く、また10代の人にも多く見られる不安障害の一つである「パニック障害」を取り上げます。

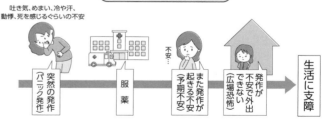

　かつて電車の中などの外出先で体験した急激な不安（発作）がきっかけとなり、「発作がまた起こるのではないか」という不安を抱き、電車に乗れなくなったり、外出できなくなったりします。

❶症状

　動悸、発汗、震え、過呼吸など死の恐怖を感じるぐらいの発作（これを「パニック発作」と呼びます）が再び起こるのではないかと不安を抱き、それを避けた行動をとる一連の流れがおもな症状です。つまり「パニック発作」と「予期不安」、「広場恐怖」がこの疾患の特徴です。例えば、一度電車の中で急に激しいめまいや動悸、過呼吸などの不安に襲われた経験（パニック発作）があって、「また発作が起きたらどうしよう」という心配（予期不安）が頭の中をよぎるため電車に乗れなくなってしまう（広場恐怖）という症状です。これによって発作を避けて、外出できなくなり生活に支障が出ることになります。

❷原因

　原因は明らかになっていません。もともとの性格特性であったりストレスなど環境の影響であったり原因は特定できません。近年脳の働きが解明されてきており、脳の大脳辺縁系にある扁桃体という怒りや危険に対する本能的な機能を司る部位の過剰反応が指摘されています。つまり自分を守るために危険を察知するセンサーが過剰に働いてしまうため、と言われています。

❸治療・対応

　不安が高く外出できなくなってしまう場合も多く、医療機関の受診が欠かせません。医療機関での治療は投薬やカウンセリングによる対応が基本です。薬自体の効果ももちろんありますが、「薬を飲んでいる」という安

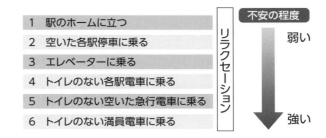

認知行動療法（系統的脱感作法）の例

	不安の程度
1　駅のホームに立つ	弱い
2　空いた各駅停車に乗る	
3　エレベーターに乗る	
4　トイレのない各駅電車に乗る	
5　トイレのない空いた急行電車に乗る	
6　トイレのない満員電車に乗る	強い

リラクセーション

心感だけでも発作が起きにくくなる場合があります。カウンセリングでは、外出できない人のために認知行動療法など心理療法による取り組みも行われています。例えば電車に乗れない人への治療としては、まず、①家から出る、②駅まで行く、③切符を買う、④ホームに立つ、⑤各駅停車の電車に乗って一駅先まで行く、のように段階を決めてそれぞれの段階でリラクセーションを行い不安を下げ、安心感を得てから次のステップに進んでいく方法です。これを「系統的脱感作法」と呼びます。このような治療は不登校のお子さんに対しても行われる方法です。このように医療機関を受診し適切な治療やカウンセリングを受けることで社会復帰が可能です。児童生徒の不安が明らかに高い様子が見られた場合は、早期に家庭や医療機関との連携を図りましょう。

③統合失調症

　統合失調症は10代から20代の若者の発症が多く、幻覚や幻聴など通常周囲が理解することが難しい症状が特徴です。

❶症状

　おもな症状としては、妄想や幻覚・幻聴、まとまりのない発言などの「陽性症状」と感情が乏しくなる情動表出の減少や意欲欠如な

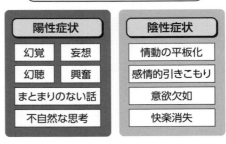

統合失調症の症状

陽性症状		陰性症状
幻覚	妄想	情動の平板化
幻聴	興奮	感情的引きこもり
まとまりのない話		意欲欠如
不自然な思考		快楽消失

どの「陰性症状」があります。発症時の多くは「何かに追われている」と訴えたり、何か見えたり、聞こえたりする場合があり、激しい感情表出を伴う場合もあります。このような陽性症状から表情や会話が乏しくなる陰性症状へと移行する場合や最初から陰性症状を特徴とする症状の場合もあります。

❷治療・対応

　医療機関の受診、服薬が欠かせません。特に激しい陽性症状は急性期状態と呼ばれ、状況によっては入院治療が必要となります。服薬によって症状が次第に治まり、完治する場合もありますが、定期的な通院や服薬を通して症状が治まった状態を維持するような場合もあります（これを「寛解」と呼びます）。突然周囲には理解が難しい発言や行動が見られた場合は、早期に家庭と連携の上、医療機関の受診を勧めていきましょう。

④**その他の疾患**

　その他の思春期までの児童生徒に多い疾患として、「摂食障害」と「心的外傷後ストレス障害（PTSD）」の２つを取り上げます。

　　摂食障害

　摂食障害は食行動異常とも呼ばれます。DSM-5 では食行動障害および摂食障害群の中に位置付けられています。食行動の問題のため身体的側面への配慮はもちろん必要ですが、心理的背景などにも目を向けていくことが必要です。

❶症状

　症状は大きく「拒食症」と「過食症」に分けられます。「拒食症」は「神経性やせ症」とも呼ばれます。体重増加を防ぐための過度なカロリー摂取制限や運動行動を特徴とします。正常の下限を下回る体重に至る場合でも、「痩せすぎ」という自己認識に欠けるケースがあります。一方「過食症」は「神経性過食症」とも呼ばれ、過食と嘔吐を繰

り返す場合もあります。摂食障害はおもに思春期の女子に多く見られ、無理なダイエットがきっかけになることが多いと言われています。

　「拒食症」は以前「思春期やせ症」とも言われ、「痩せる＝美しい」の価値にとらわれて必要以上に痩せることを目的とした症状です。心理的な背景としては、自己肯定感の低さや大人になることを拒絶する心理などがあると言われています。また、過度なダイエットや運動への執着が見られる場合があります。ダイエットの努力は目に見える結果が現れるため、自己肯定感の低い人にとっては達成感を感じやすいとも言われています。しかし、それによって過剰な体重減少を招く場合も少なくありません。視野の狭い心理状態に陥っていて、他の人から見たら痩せすぎで不健康なスタイルであっても、まだまだ痩せることが美しいと感じてしまいます。

　過食症状に関しては、過食によってストレスを発散する場合と拒食から過食が交互に現れる場合もあります。過食症は食べたことによる罪悪感があるため、嘔吐が見ら

れることが多いようです。嘔吐してリセットすることで過食が常習化していくことになります。指を口の中に入れて無理やり嘔吐する場合も少なくなく、胃液で歯が溶けたり、吐きダコが手にできていたりする場合があります。

❷治療・対応

　拒食症では医療機関の受診と連携が欠かせません。特に一定以上の体重減少がある場合は、入院による生活指導が必要となります。医療機関の指示のもとで体重管理を行います。家庭と連携して医療情報の共有が重要です。また心理的な問題と密接に関連のある疾患なので、カウンセリングや体重管理など正しい情報を提供し理解を促す（これを「心理教育」と呼びます）ことも欠かせません。しかしながら「過食」は一つの誤ったストレスへの対処法（これを「コーピング」と呼びます）となっていることが多いので、過食行動だけに注目してそれをやめさせることは難しいようです。何か別のストレスを解消する正当的な手段に移行していくのが望ましい対応です。摂食障害は精神的な疾患であるので早期に医療機関の受診を勧め、投薬やカウンセリングなど適切な治療に結びつけていきましょう。

心的外傷後ストレス障害（Posttraumatic Stress Disorder：PTSD）

　肉体的もしくは精神的な強い衝撃を受け、その後それにとらわれてしまうことを心的外傷やトラウマと呼びます。強いショックによる心の傷です。家族や身近な知人の事故や病気などによる死別体験などはこのような心的外傷体験にあたります。しかし通常傷ついた心は一般的には時間の経過とともに自分の心の中で統合されていき、その心理的なショックも和らいでいきます。しかし、自分の心の中で処理できな

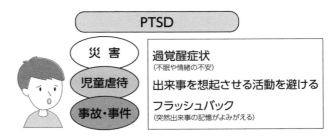

いぐらいの大きな精神的な衝撃を受け、自分の記憶の中に統合できないような心理的な傷つきの体験を受けた場合のストレス反応を心的外傷後ストレス障害と呼びます。英語表記で Posttraumatic Stress Disorder で、PTSD と呼ばれます。

❶症状

　以前の心的外傷体験の苦痛な記憶が思い起こされたり、夢の中に現れたりします。嫌な体験が急に記憶に蘇って（フラッシュバック）、激しいパニックとなることもあります。急な気分変動や過度な不安を訴えることもあります。激しい心的外傷体験は児童虐待経験や自然災害・事故による身内の死別体験などがあげられます。このような児童生徒にとって処理できないような衝撃的な体験の場合は、心や記憶の奥底にその体験の記憶が封じ込められてしまいます。そのため通常のショック体験のように時間の経過とともに自分の心の中に溶け込み、統合されていきません。普段は気づかないようにして自分を守っているわけですが、その体験は自分の意図と

関係なく自分の頭の中に蘇ってきます。いわゆるフラッシュバックと呼ばれる体験で、これによって激しく心理的な衝撃を再体験することとなります。フラッシュバックによって感情が高ぶり、自傷行為や他害・破壊行為などのパニックとなることもあります。

❷治療・対応

　対応は、現在も強い心的外傷体験による反応がある場合はパニックになった際の本人や周囲の児童生徒の安全確保が何よりも重要です。怪我をしないように落ち着ける場所の確保や対応方法を工夫しましょう。その上で学校が安全で安心に過ごせる場所となるように環境を整えましょう。パニックが激しい場合は医療機関との連携が必要です。PTSDに対する心理療法としては、EMDR（Eye Movement Desensitization and Reprocessing：眼球運動による脱感作と再処理法）というトラウマ体験を想起すると同時に左右の眼球運動を行うことで、トラウマを取り去る心理療法があります。医師や心理士などの専門家が行う治療行為です。他にも認知行動療法などの治療方法があります。しかしPTSDの治療は難しく、医療機関で扱うものであり、学校では医療機関からの助言を踏まえ、生活環境を工夫して支えていくことが重要です。

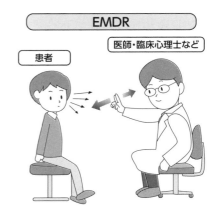

EMDR
医師・臨床心理士など
患者

　以上、児童生徒にも多く見られる精神疾患を中心にその概要を取り上げました。いずれも精神疾患は、「心」の問題ですが、現代では「脳機能」の問題であるとも言われています。環境を調整したり、カウンセリングで子どもの声に耳を傾けたりするアプローチはもちろん重要ですが、学校でできる限界もあることを知っておきましょう。症状が過度な場合は、学校だけで対応せずに保護者や医療機関と連携することも重要です。

（2）医療機関の基礎知識

①精神科と心療内科

　心の問題について医療機関の受診を保護者へ勧める際にはどの診療科を受診すればよいのか、精神疾患などにかかわる病院について基本的な理解をしておきましょう。まず心の問題を抱えている場合、小児科、内科など一般的な診療科でも相談できる場合もありますが、「精神科」や「心療内科」などの診療科がある病院を受診するのがよいでしょう。では「精神科」と「心療内科」ではどのような違いがあるのでしょうか。「精神科」はおもに心の症状を扱います。不安やイライラ、眠れない、幻覚・幻聴などの症状が対象です。明らかに精神疾患が疑われる場合は精神科の受診が望ましいと思われます。一方で「心療内科」は心理的、社会的な要因による身体の症状（心身症など）を扱う診療科です。ストレスから起こる吐き気、頭痛、腹痛などの身体の症状が該当

します。心の問題を扱う医療機関には「精神科・心療内科」を標榜している病院や「内科・心療内科」を標榜している病院があります。受診をする際は病院の診療科を確認しておきましょう。

　また、精神科の中でも特に子どもを専門とした診療をする場合は、「児童精神科」という診療科を標榜しています。発達障害や子どもの精神疾患を専門としていますので、子どもの症状への理解が深いと考えられます。心療内科や精神科の医療機関にはおもに成人を専門とする病院もあるので、ホームページや直接問い合わせをして確認してから受診するようにしましょう。なお、カウンセリングを行っているかどうかは医療機関によって異なるのであわせて確認しておきましょう。

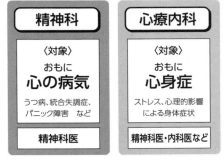

精神科と心療内科の特徴

②薬について

　最近の脳研究から、うつ病の人は脳内の神経伝達物質の働きがよくない状態であることがわかっています。発達障害も脳機能の障害であると言われています。つまり心理的問題や発達の問題は脳の働きに密接に関連しています。したがって、脳細胞の働きや脳内細胞をつなぐ神経伝達物質の改善のために薬が有効であるわけです。子どもが薬を服用することに対して抵抗を感じる保護者や教師も多いと思います。しかし、子ども本人の力だけでは自分の気持ちをうまくコントロールできずに苦しんでいる場合もあります。そのようなケースでは家庭と連携して医師に相談して指示を仰ぎましょう。もちろん薬以外にカウンセリングの効果もありますので、保護者の心情を踏まえながら、まずは医療機関の受診を促していきましょう。

（3）発達面の課題の理解

　次に児童生徒の発達的な問題として、「情緒障害」や「発達障害」、「愛着障害」、「感覚の過敏さや感受性に関する概念」を取り上げます。

①情緒障害

　情緒障害は先に取り上げてきた気分障害などの精神疾患とは異なる視点の概念です。「情緒」には、「喜怒哀楽など湧き上がる様々な感情」という意味があります。情緒障害の定義は、「状況に合わない感情・気分が持続し、不適切な行動から引き起こされ、それらを自分の意志ではコントロールできないことが継続し、学校生活や社会生活に適応できなくなる状態をいう」（文部科学省）とされています。情緒障害はもともと児童福祉法に規定された「情緒障害児短期治療施設」で使われた用語であり、現在は特別支援学級の対象である「情緒障害」など、教育分野の用語として一般的に使用されています。情緒障害教育の対象としては、「主として心理的な要因による選択性かん黙等があるもので、社会生活への適応が困難である程度のもの」（文部科学省）、とされ

ています。つまり、感情をうまくコントロールできない児童生徒や心理的な不安定さを抱える選択性かん黙の児童生徒たちが情緒障害教育の対象であり、特別支援学級や通級による指導が行われています。ここでは「選択性かん黙」について説明します。

選択性かん黙

言語障害はなく、言語表出の機能自体には問題はないが、「話をしない、できない」状態が「かん黙」です。生活場面全体で話をしない状態を「全かん黙」、ある場面に限って話をしない状態を「選択性かん黙」と呼びます。学校で出会う児童生徒たちの多くは「選択性かん黙」であり、家庭では普通に会話はできるものの、学校の教室や授業場面で「話をしない、できない」症状です。一般的には「場面かん黙」とも呼ばれます。

選択性かん黙

話したいが
学校では声が出ない

注目されることは
避ける

❶特徴・対応

原因ははっきりしていません。過度な不安や緊張があり、失敗するのを極度に怖がり、話をしないことで自分を守る「防衛行動」であると理解しましょう。心理的な不安が背景にあって、話ができないことを十分理解して対応するように心がけましょう。したがって「言葉で話をする」ことが目標にはなりません。無理に言葉でのやりとりをさせるのではなく、筆談したり、うなずいたり首を振ったりして答えられる質

筆談による
コミュニケーション

問にしてやりとりするなど、本人ができる表出方法やコミュニケーションを大切にしていきましょう。学級の中でも「話をしない」ことを周囲が認める学級づくりを通して学校での「大丈夫！」という安心感を育んでいくことが重要です。集団での緊張や不安が高いので、必要に応じて保健室や相談室などの利用ができるように配慮しておくのが良い対応です。

就学前か小学校入学の頃から症状が出ることが多いようです。話をしない場面や話せない対象も、一人一人異なります。授業では話をしないが、仲のよい友達とは学校の中でも話ができる児童生徒もいます。また症状は自然と改善していく場合と、引っ越し、進学などを契機に改善されていく場合があります。長い目で自信をつけていく支援を心がけましょう。

②発達障害

「発達障害」は発達に課題のある障害です。最近は苦手なことがある子どもたちをすぐに「発達障害」と結びつけてしまう傾向にあるようです。発達障害が広く理解されるようになってきたとも言えますが、安易に使われてしまっている印象があります。そこでまずは発達障害を正しく理解しましょう。

日本における発達障害は「発達障害者支援法」（厚生労働省）に、「発達障害とは、自閉症、アスペルガー症候群その他の広汎性発達障害、学習障害、注意欠陥多動性障害その他これに類する脳機能の障害であってその症状が通常低年齢において発現するものとして政令で定めるものをいう」と定義されています。つまり発達障害は自閉スペクトラム症（自閉症スペクトラム）、注意欠如・多動症（注意欠陥・多動性障害）、学習障害の３つ

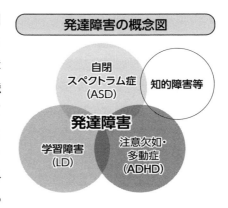

発達障害の概念図

自閉スペクトラム症（ASD）

知的障害等

発達障害

学習障害（LD）

注意欠如・多動症（ADHD）

を示しているわけです。この３つは重なり合う場合もあります。また、自閉スペクトラム症（自閉症スペクトラム）と注意欠如・多動症（注意欠陥・多動性障害）については知的障害を伴うこともあります。これらは脳機能の障害であり、育て方などの環境的要因が原因ではない生得的な障害である点を理解しておきましょう。以下それぞれの障害の特徴について説明します。

自閉スペクトラム症（Autism Spectrum Disoder：ASD）

❶わかりにくい診断名

発達障害者支援法では「自閉症」と表記され、学校教育でもこの名称がよく使われていますが、最近「自閉スペクトラム症」や「自閉症スペクトラム」が一般的な呼び方となっています。英語表記の Autism Spectrum Disorder の頭文字をとって ASD という言い方も浸透してきました。しかし、これまで自閉症に関する診断名が多岐に渡り、混乱されている方も少なくないと思います。まず自閉症に関する名称の整理をしておきます。

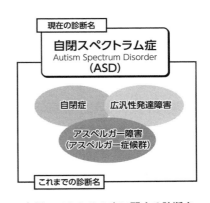

現在の診断名

自閉スペクトラム症
Autism Spectrum Disorder
（ASD）

自閉症　　広汎性発達障害

アスペルガー障害
（アスペルガー症候群）

これまでの診断名

自閉スペクトラム症に関する診断名

以前は自閉症、高機能自閉症、アスペルガー障害（アスペルガー症候群）、広汎性発達障害、高機能広汎性発達障害、自閉的傾向などの様々な名称が使われていました。自閉症には知的障害を伴う場合と伴わない場合があります。以前は特に知的な遅れがない自閉症は「高機能自閉症」と呼ばれていました。つまり「高機能」＝「知的な遅れがない」ということですが、最近はそのような表現は少なくなってきています。また知的な遅れがなく、コミュニケーション面の苦手さが比較的少ないタイプは「アスペルガー障害」や「アスペルガー症候群」と診断されてきました。自閉症は社会性の障害やコミュニケーションの苦手さ、こだわりなどを特徴としますが、この特徴の強さにも個人差があります。周囲から見て自閉症の特徴が明らかな場合と、ぼんやりとした方がいます。以前は自閉症の特徴がぼんやりとしている状態は「広汎性発達障害」と診断される方もいました。さらにもっと特徴が薄

らいでいき、診断にまでは至らない症状の場合には「自閉的傾向」と呼ばれることもありました。以前はこのように知的発達面や自閉症の特徴の強弱によって診断名が多岐にわたっていましたが、現在は全て自閉スペクトラム症（自閉症スペクトラム）ASD として診断されるようになってきています。自閉症の特

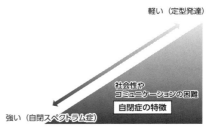

自閉スペクトラム症の考え方

徴の強さには個人差があり、明確な基準で区切ることができません。その程度は自閉症状の強い人からぼんやりとした人まで連続帯（これを「スペクトラム」と呼びます）となっているため、現在ではこの名称が使われています。ちなみに現在の診断基準となっている DSM-5 では「自閉スペクトラム症」という表記が一般的で、マスメディアではこの呼称が使われるようになってきています。このように現在は自閉スペクトラム症（自閉症スペクトラム）の表記が一般的であるものの、以前診断された成人や現在も従来の診断名で診断される場合もあり、教育相談担当や特別支援教育コーディネーターはこれらの名称の大まかな理解をしておきましょう。なお、学校では法令にしたがって「自閉症」で表記されることが多いようです。

❷特徴

　自閉スペクトラム症の特徴としては大きく、①社会性及び対人関係による障害、②コミュニケーションの障害、③こだわり・想像力の障害、④感覚の障害、と理解しておきましょう。「社会性の障害」はルールや場の状況理解の苦手さです。暗黙のルールなどわからないため順番に列に並べなかったり、静かにするべき場所で騒いでしまったりすることです。「対人関係の障害」は、相手の気持ちに立った理解ができなかったり、視線が合いにくかったりすることです。「コミュニケーションの障害」は言語によるやりとりが苦手であったり、身振りなど非言語的なコミュニケーションが適切に理解できなかったりすることです。「こだわり」は一つのことに固執してしまうことです。「想像力の障害」は経験していないことをイメージするのが苦手な状態です。「感覚の障害」は聴覚過敏など感覚の過敏さです。その他にも視覚認知が優位であったり、2つ以上のことを同時にできなかったりする情報処理スタイルなどの特徴もあげられます。

❸対応

　特に新しい診断基準である DSM-5 になってから「感覚の障害」が取り入れられました。感覚の障害の代表的なものとしては聴覚過敏があります。大きな音はもちろんのこと、定形発達（自閉スペクトラム症の人は発達が凸凹で、それに対して一般的な発達の道筋をたどる健常の人を指す表現として使われます）の人が気にならないような音への過敏さが強く、日常生活を送る上での大きな支障となる場合があります。そ

聴覚過敏への対応
（イヤーマフ）

のため、授業に集中できない場合は耳栓やノイズキャンセラーの付いたイヤフォン、イヤーマフ（耳当て）などの対策や、静かな学習環境の工夫も有効です。他にも一度に複数の情報処理が苦手なので、シンプルに順序立てて課題を提示するなどの配慮も必要です。視覚情報の処理が得意な人が多いとも言われますが、視覚情報過多で混乱したり、聴覚過敏のためのため学習に集中できなかったりする場合があります。教室環境を自閉スペクトラム症の過敏さの強い子どもたちへの配慮という視点から整備することで、落ち着いて学習に取り組めます。授業のユニバーサルデザイン化の一つとして試みてみましょう。自閉スペクトラム症の児童生徒に限らず、誰にとっても過ごしやすい環境設定という視点が重要です。

注意欠如・多動症（Attention-Deficit Hyperactivity Disorder：ADHD）

❶特徴

注意欠如・多動症（注意欠陥・多動性障害）ADHD の定義は、「ADHD とは、年齢あるいは発達に不釣り合いな注意力、及び／又は衝動性、多動性を特徴とする行動の障害で、社会的な活動や学業

注意欠如・多動症 ADHD

不注意	多動性	衝動性
・集中力がない ・忘れもの	・落ち着きがない ・じっとしていられない	・順番が待てない ・かっとして暴力

の機能に支障をきたすものである。また、7歳以前に現れ、その状態が継続し、中枢神経系に何らかの要因による機能不全があると推定される」（文部科学省）とされています。つまり、「不注意」、「多動性」、「衝動性」を特徴とする行動面の障害です。不注意な間違いや課題に集中できなかったり忘れ物が多かったり（不注意）、手足をいつもそわそわしていたり、じっと座っていられなかったり、おしゃべりが止まらなかったり（多動性）、順番を待てなかったり、かっとして他害をしたり（衝動性）、などを特徴とします。大きくは「不注意優勢型」と「多動・衝動性優勢型」、「混合型」のタイプに分類できます。最近のDSM-5の診断基準では、「12歳以前の症状の出現」など文部科学省の定義と異なる基準になっている部分もあります。最近特に注目されているワーキングメモリー機能（一時的に情報を保持したり処理したりする短期記憶の機能）との関連が深く、この認知機能の苦手さが背景にあって、目の前の出来事に飛びついてしまったり、必要な情報に注意が向けられなかったりする、実行機能の障害であることが指摘されています。

❷対応

注意したいのは、幼少期より叱られて育てられたため、自己肯定感が育っていない子どもです。したがって学校では本人の苦手さと生育歴を理解して、自己肯定感の低下から反社会的行動、うつや不安障害など二次的な問題に

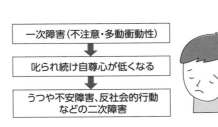

一次障害（不注意・多動衝動性）
↓
叱られ続け自尊心が低くなる
↓
うつや不安障害、反社会的行動などの二次障害

ADHD の子どもの困難

つながらないように、子どもの良い面に着目することが大切です。医療機関で投薬を受ける場合もありますが、抜本的な治療薬ではなく、あくまで効果は一過性で、登校前に服薬すると学校にいる時間は少し落ち着いて過ごすことができる限定的なものです。児童生徒によっては効果のない場合もあります。あくまでも医師と保護者が相談して行うものであり、学習に取り組めないぐらい落ち着かない状態の児童生徒が学習に取り組むための手段の一つであるという理解をしておきましょう。

学習障害（Learning Disability：LD）

❶特徴

学習障害 LD は学習面のつまずきであり、医療よりも教育的な概念です。学習障害の定義は、「学習障害とは、基本的には全般的な知的発達に遅れはないが、聞く、話す、読む、書く、計算する又は推論する能力のうち特定のものの習得と使用に著しい困難を示す様々な状態を指すものである。学習障害は、その原因として、中枢神経系に何らかの機能障害があると推定されるが、視覚障害、聴覚障害、知的障

学習障害 LD

全般的な知的発達に遅れはない

- ●聞く
- ●話す
- ●読む
- ●書く
- ●計算する
- ●推論する

これらの中で **特定のことが** 苦手

害、情緒障害などの障害や、環境的な要因が直接の原因となるものではない」（文部科学省）です。つまり「読み」や「書き」、「計算」などの特定の能力に関する障害であり、全般な発達の遅れがある知的障害とはしっかり区別しておきましょう。

❷対応

おおまかには国語や算数（数学）の分野の中で顕著な遅れがあること、またおおむね２学年以上の遅れがある場合に、LD の可能性を念頭におくのがよいと思います。また学習障害の背景には認知特性や情報処理力が大きく関連しています。そのため、ただ単に漢字練習の回数を増やすなど繰り返しの学習だけでは効果が見られなかったり、逆に学習への意欲が下がってしまったりすることがあります。後で取り上げますがLDの支援では、学習のつまずきの背景をアセスメントして適切な支援をすることが重要です。まずは全般的な知的発達の遅れである知的障害と特定分野の苦手さである学力障害を見分けておくことが大切です。最近では発達障害という診断までには至らない、学習面につまずきのある児童生徒たちが増えてきています。いわゆるグレーゾーンと呼ばれる児童生徒たちです。学習面での苦手さが不登校などに結びつくことも少なくありません。先ほど述べたように学習障害は教育的概念です。医療機関では DSM- 5 に基づいて、「限局性学習障害」として診断されますが、自閉スペクトラム症や行動面に課題がある児童生徒たちに比べて、医療機関で診断されるケースは多くはありません。学習障害であるかどうかではなく、学習での苦手さのある児童生徒への支援という視点で教育的に対応していく姿勢が重要です。

③愛着障害

　次に発達障害と症状が似ていてその区別が難しい「愛着障害」を取り上げます。発達障害は先天的な脳機能の障害です。養育や環境などが直接的な要因ではありません。しかし、幼少期に適切な養育を受けていない子どもたちが発達障害と似た症状を示す場合があります。これが「愛着障害」

```
┌─────────────────────┐
│    反応性愛着障害      │
└─────────────────────┘
   （虐待やネグレクトなど）

┌──────────┐
│不安定な対人関係│
└──────────┘
・周囲の大人にうまく頼れない
・初対面の人にも人見知りせず甘える
・突然怒りをぶつける
```

です。「愛着障害」は、特定の養育者との愛着形成がうまくいかないことで現れる対人関係や社会性の困難です。生後３才頃までは子どもと養育者との愛着形成がとても重要です。子どもはお腹が空いたり、オムツが汚れたりしたり、不快な時に「泣く」ことで周囲に伝えます。最初は目的を持たない未分化な行動ですが、「泣くこと」で養育者はミルクをくれたり、オムツを替えたり、子どもにとって「快の状態」を与えてくれます。次第に「泣く」ことで自分へ働きかけてくれる、「笑う」ことで微笑んでくれる、という心の機能が育ってきます。子どもにとって養育者は守ってくれる存在である「安全基地」になってきます。これが「愛着」です。愛着が形成されることで、養育者に見守られている安心感が芽生え、外界へと働きかける力につながっていきます。しかしこの信頼関係が幼少期に獲得できていないと、その後の様々な不適応行動につながりかねません。甘えたり、誰かを信頼する心の働きが育っていないため、他者に対して上手にかかわることができず、初めて会う人にべったり甘えたり、ある時急に激しい怒りをぶつけたり、不安定な対人関係を示します。その症状は発達障害の症状と似ているために、見分けがつきにくい場合があります。児童虐待など養育者の育て方に問題がある場合や子どもに発達的な問題があって二次的に親子の関わりがうまくできずに、愛着障害となる場合もあります。学齢期段階の症状だけでは区別が難しいので、生育歴や幼少期の情報も含めて相談機関と連携し、適切な見立てが必要となります。

　対応は学校で安全感を育てるかかわりが重要です。しかし人との愛着関係が育っていないため、急に不安になったり、周囲を思い通りに操作したりする様子も見られます。まずは担任との信頼関係構築が重要ですが、距離が近くなることで担任が児童生徒に振り回されることもあります。そのような状況になってしまった場合は、教育相談担当やスクールカウンセラーなど複数の大人が役割分担しながら接していくことも必要です。感情の起伏が激しくなる場合は、医療機関や相談機関などと連携して、児童生徒へのカウンセリングが必要になる場合があります。

④感覚の過敏さや感受性に関する概念

HSC（Highly Sensitive Child）

　最近よく耳にする、HSC（Highly Sensitive Child）という概念があります。HSCは生まれつきとても敏感な感覚や感受性を持った子どものことを指します（ちなみに大人の過敏性や感受性が高い方はHSP（Highly Sensitive Person）と呼びます）。HSC

の特性としては、❶処理の深さ（感覚的な刺激を強く、深く受け取り、処理する傾向）、❷刺激の受けやすさ（過剰刺激による混乱）、❸情緒的な反応と高い共感性（共感しやすく他者への巻き込まれ傾向）、❹些細な刺激に対する感受性（感覚の過敏さ）が、あげられています（エレイン・N・アローン , 冨田）。HSC は障害や疾患名ではなく特性を表す一つの概念となります。HSC は 5 人に 1 人ぐらい該当すると言われ、感受性が強く乳幼児期は育てにくい子ども（difficult child）の場合も多く、HSC と捉えることで、子育てで困っている親の心理的な安定につながる場合もあります。発達障害とは別概念ではありますが、HSC と発達障害の子どもたちが混同されることがあるので注意が必要です。

アーレンシンドローム（Irlen Syndrome）

　光の特定の波長の感受性が高いために起こる視知覚の困難や光に対する過敏さなど、視覚の過敏性を強く示す症状を「アーレンシンドローム」と呼びます。眩しさを感じるため、文字が歪んで見えたり見えにくかったりして、読み書きの困難の一因であるとされています。発達障害の感覚過敏との関連性も指摘されています。カラーフィルムを使って本を読んだり、カラーレンズをかけたりする支援が進められています。学習障害の背景にある要因の一つとして理解しておきましょう。

アーレンシンドローム
出典：熊谷恵子「アーレンシンドローム」幻冬舎より引用

APD（聴覚情報処理障害：Auditory Processing Disorder）

　APD（聴覚情報処理障害）は聴覚に関する概念です。聴力は正常であるものの日常生活場面で聞き取りにくさが出る症状です。雑音がある騒がしい場所での聞き取りや早口・小声の聞き取りが難しいため、聞き誤りや聞き返しが多くなってしまうのが代表的な症状です。それ以外にも、口頭で言われたことを忘れてしまったり聞いた内容の理解が難しかったりする症状もあり、発達障害との関連性の高さも指摘されています。支援としては、雑音の除去や視覚情報の併用など環境面の整備と話し手の配慮が重要です。また難聴の支援と同様に、聞こえを補うために補助機器の利用をする場合もあります。教室の中で教師の指示理解が苦手である児童生徒にとっての一つの要因である場合があります。

2　発達障害のアセスメントと支援

（1）気になる児童生徒の把握

　特別支援教育コーディネーターの役割として、通常の学級の中で発達面に課題のある配慮の必要な児童生徒の把握が重要です。小学校の就学段階で幼稚園や保育所、保護者から情報が引き継がれている児童生徒の把握はできていることと思いますが、就学時の「教育支援委員会」で検討されていない気になる児童生徒たちの把握が必要です。行動面に課題のある児童生徒は入学後の早い時期に把握することが可能ですが、小学校で学習面における発達的な課題のある児童は、学年が上がるにつれて学習のつまずきから明らかになることが多いようです。特別支援教育コーディネーターの役割としては、できるだけ早期に校内で配慮の必要な児童生徒たちを把握していきましょう。担任の気づきから配慮の必要な児童生徒を学校全体で共有するのが一般的ですが、担任の主観や判断だけでは偏りが大きいという課題もあります。これは、担任による捉え方の違いです。積極的に学校全体で話題にしたい教師と自分一人でじっくり対応したいと考える教師など様々です。担任が変わって初めて校内で気になる児童生徒の名前があがるようでは組織的対応とは言えません。まずは担任の主観によらずに、学校全体で配慮の必要な児童生徒たちの把握と共有化を図りましょう。

　校内で共有された配慮の必要な児童生徒たちが、発達障害の可能性があって医療機関の受診を促した方がよいかどうかの判断をする際には、アセスメントチェックリストの活用が有

「児童・生徒理解に関するチェック・リスト」

評　価　者　用

　このチェック・リストは、文部科学省が LD（学習障がい）・ADHD（注意欠陥多動性障がい）・高機能自閉症等、通常学級に在籍する特別な教育的支援を必要とする児童・生徒のために作成したものです。巡回相談を実施するにあたり、対象児童・生徒の状況を事前に把握し、より適切な指導・助言に資するためにご提出いただくものです。
　なお、チェック・リストの結果は、指導者が子どもの理解を深め、子どもにとってより望ましい教育の在り方を検討するために活用することを目的にしています。LD（学習障がい）・ADHD（注意欠陥多動性障がい）・高機能自閉症等を判断することを目的としたものではありません。

（質問項目）
- 学習面（「聞く」「話す」「読む」「書く」「計算する」「推論する」）
- 行動面（「不注意」「多動性－衝動性」）
- 行動面（「対人関係やこだわり等」）

＜　学　習　面　＞

（「ない：0」、「まれにある：1」、「ときどきある：2」、「よくある：3」、の4段階で記入）

	質問項目	評価点
聞く	聞き間違いがある（「知った」を「行った」と聞き間違える）	
	聞きもらしがある	
	個別に言われると聞き取れるが、集団場面では難しい	
	指示の理解が難しい	
	話し合いが難しい（話し合いの流れが理解できず、ついていけない）	
	小　計	
話す	適切な速さで話すことが難しい（たどたどしく話す、とても早口である）	
	ことばにつまったりする	
	単語を羅列したり、短い文で内容的に乏しい話をする	
	思いつくままに話すなど、筋道の通った話をするのが難しい	
	内容をわかりやすく伝えることが難しい	
	小　計	
読む	初めて出てきた語や、普段あまり使わない語などを読み間違える	
	文中の語句や行を抜かしたり、または繰り返し読んだりする	
	音読が遅い	
	勝手読みがある（「いきました」を「いました」と読む）	
	文章の要点を正しく読みとることが難しい	
	小　計	
書く	読みにくい字を書く（字の形や大きさが整っていない。まっすぐに書けない）	
	独特の筆順で書く	
	漢字の細かい部分を書き間違える	
	句読点が抜けたり、正しく打つことができない	
	限られた量の作文や、決まったパターンの文章しか書かない	
	小　計	

基　準　　　各領域12点以上

児童・生徒理解に関するチェック・リスト
（小学校・中学校・高等学校）

出典：大阪市教育委員会指導部 HP より一部改訂し引用

効です。文部科学省が作成したチェックリストが簡単にできて使いやすいようです。「学習面」（聞く、話す、読む、書く、計算する、推論する）のそれぞれの項目の得点に応じて「読み」、「書き」、「計算」などの学習障害の可能性や「行動面」（不注意、多動性、衝動性）、「社会性」（対人関係やこだわり等）について、教師が日頃の様子をチェックする形で実施します。校内で配慮の必要な児童生徒について共有していきましょう。ただし、このチェックリストはあくまで特別な配慮が必要な児童生徒の実態を把握したり、校内で共通理解したりするためのスクリーニング検査です。この結果をもって発達障害の診断とするものではないので注意しましょう。他に市販されているチェックリストも数多くあるので、使いやすいものを校内で利用してみましょう。

（2）知能検査と知能指数

　発達の課題を把握するときには知能検査や発達検査によるアセスメントが有効です。発達検査は「言語」、「運動動作」など領域ごとの発達段階（年齢）を把握する検査で、多くは就学前の幼児に実施される検査です。学齢期の児童生徒に対して一般的に実施するのは「知能検査」と呼ばれる検査です。学校で実施される集団式の知能検査ではなく、検査者と受検者が一対一で向き合って行う個別式知能検査として、「WISC 知能検査（日本文化科学社）」、「田中ビネー知能検査Ⅴ（田研出版）」、「日本版 K-ABC Ⅱ 個別式心理教育アセスメントバッテリー（丸善出版）」、「DN-CAS 認知評価システム（日本文化科学社）」などがあげられます。

　WISC 知能検査は知的発達と認知能力の把握ができ、広く実施されている検査です。田中ビネー知能検査Ⅴは一般知能を測る検査で、知的障害の手帳判定などでよく使用されています。また K-ABC Ⅱは認知処理能力と基礎的学力を測定し、DN-CAS は認知処理過程の特徴を把握できる検査です。いずれも学習面の苦手さの背景にある認知能力を調べるのに適しています。

　WISC-Ⅳ知能検査も田中ビネー知能検査Ⅴも全般的な知的発達が測定できます。知能の考え方は検査によって異なりますが、結果は知能指数 IQ という 100 を平均とする指数で表示されます。知能指数は 85 から 115 までの範囲が標準域であり、統計的にはおおよそ人口の約 7 割がこの中に入ります。なお IQ70（一般的な手帳判定では IQ75）以下は知的障害とされ、IQ70 から IQ85 までは境界知能と呼ばれます。ちなみに知的障害は知能指数によっておおむね、最重度（IQ20 以下）、重度（IQ21 ～ 35）、中等度（IQ36 ～ 50）、

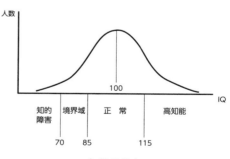

知能の分布

知能指数 IQ	知能障害 程度の分類
～20	最重度
21～35	重度
36～50	中等度
51～70	軽度

知能指数と知的障害の程度

軽度（IQ51 ～ 70）に分類されます。

　全体的な知的発達だけでなくそれぞれの検査では認知特性なども測定することができます。WISC 知能検査や K-ABC Ⅱ心理教育アセスメントバッテリーや DN-CAS 認知評価システムは知的発達や認知機能の特性が明らかになる検査ですが、相談機関や医療機関の多くでは、まず WISC 知能検査を実施することが多いようです。この検査で知的発達や認知機能の状況を把握します。WISC 知能検査で明らかにできなかった認知や学習特性をさらに深く調べる場合に他の検査を組み合わせて実施することが多いようです。そこでここでは広く実施されている WISC 知能検査について取り上げ、その概要を説明します。

（３）WISC 知能検査（日本文化科学社）の概要

① WISC-Ⅳ知能検査概要

　日本版 WISC-Ⅳ知能検査は児童用のウエクスラー式知能検査です。5才0か月～ 16才11か月までの児童生徒に実施できる検査で、小・中学生は全て対象年齢となります。なお、幼児用は WIPPSI、成人用は WAIS という同様のウエクスラー式知能検査があります。個別式知能検査で、検査者が一人の児童生徒に向き合って実施する検査です。実施時間は 60分から 90分程度で、知的発達水準や認知特性が明らかになり、苦手な面や得意な面が把握できます。日常の困り感である主訴に対する児童生徒のつまずきの原因の背景と対策の方向性が明らかになる検査です。相談機関や医療機関で、小・中学生の知的側面や認知側面を測るために広く実施されるポピュラーな検査です。

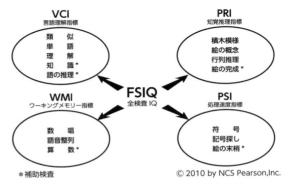

WISC-Ⅳ知能検査の枠組み
出典：WISC-Ⅳ知能検査理論・解釈マニュアル
（日本文化科学社）より引用
※日本文化科学社より許可を得て転載

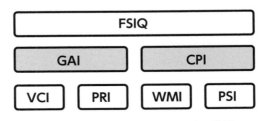

WISC-Ⅳ知能検査における合成得点の階層
出典：日本版 WISC-Ⅳテクニカルレポート♯11
（日本文化科学社）より引用
※日本文化科学社より許可を得て転載

②検査で明らかになること

　検査は 15 の検査（下位検査）から構成されています。15 の下位検査のうち 10 の基本検査と 5 の補助検査があります。基本的には 10 の基本検査をもとに全体の知能指数 FSIQ と 4 つの指標得点として、言語理解指標 VCI、知覚推理指標 PRI、ワーキングメモリー指標 WMI、処理速度指標 PSI が明らかになります。いずれも 100 を平均とする指数で表示されます。「言語理解指標 VCI」は言語の理解力や表現力・思考力など

の言語の能力です。「知覚推理指標 PRI」は視覚情報（非言語情報）の理解力・思考力・空間処理力などの視覚処理力です。「ワーキングメモリー指標 WMI」は一時的な情報の記憶・保持に関する能力です。「処理速度指標 PSI」は視覚的情報の処理力や視覚と運動の協応力に該当します。これら４つの指標をもとにグラフを描き、グラフパターンと一つずつの検査（下位検査）結果から児童生徒の得意な力と苦手な力を明確にし、その後の支援の方向性を示すことがで

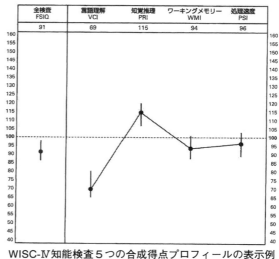

WISC-Ⅳ知能検査５つの合成得点プロフィールの表示例
出典：WISC-Ⅳ知能検査補助マニュアル
（日本文化科学社）より引用
※日本文化科学社より許可を得て転載

きます。また、言語理解指標 VCI と知覚推理指標 PRI は「一般知的能力指標 GAI」と呼ばれ、知的発達の指標となります。またワーキングメモリー指標 WMI と処理速度指標 PSI は「認知習熟度指標 CPI」と呼び、認知側面の指標となります。特別支援教育コーディネーターはこの検査で明らかになる知的発達や認知機能の概要を理解しておくと、保護者から提供された児童生徒の検査所見を見て理解しやすくなると思います。

③検査結果の活用

　検査の実施は心理に関する有資格者に限定されていますので、教師が検査を実施することはかなり限定的です。多くは区市町村にある発達センターや教育センターなどの医療機関や相談機関などで実施します。検査の信頼性保持のため下位検査の具体的な内容の開示は禁止されていますが、検査者が主訴を踏まえた検査所見（認知特性とその後の支援方針など）を作成して保護者に渡すケースが多いので、保護者の了解のもと学校でもぜひ参考にしましょう。

　しかし、WISC-Ⅳ知能検査ですべてが明らかになるわけではありません。例えば感情面や社会性、コミュニケーション力などは明らかになりません。また認知特性領域においても音韻に関する聴覚情報（例えば、文字を構成した音を把握する力）や文字やことばの流暢さなど、学習面の苦手さの背景がすべてわかるわけではありません。また、自閉スペクトラム症や注意欠如・多動症を、診断するための検査ではありません。読み書きの苦手さがある学習障害の実態を把握するためには、WISC-Ⅳ知能検査を補う検査を組み合わせて実施することが望ましいと考えられます（検査を組み合わせることを「テストバッテリー」と言います）。

④ WISC-Ⅴ知能検査

　この原稿を執筆している現在（令和３年）、WISC-Ⅴ知能検査が開発中で、近く出版

される予定です。これまでの WISC-Ⅳ 知能検査では測定できなかった認知の特性が一部測定できるようになります。

　WISC-Ⅳ 知能検査から WISC-Ⅴ 知能検査へ移行して大きく変わるのは、「主要指標検査」以外に「補助指標検査」、「関連指標検査」など構成する指標が増える点です。これによってこれまで WISC-Ⅳ 知能検査ではわからなかった認知特性を測定することができるようになります。上記３指標ごとにおもな変更点（予定）を列挙します。

❶主要指標検査

　WISC-Ⅳ 知能検査の基本的な指標は、先に説明した通り「言語理解 VCI」、「知覚推理 PRI」、「ワーキングメモリー WMI」、「処理速度 PSI」の４つの指標得点となります。WISC-Ⅴ 知能検査ではこれまでの「知覚推理」が「視空間 VSI」と「流動性推理 FRI」の２つの指標に分かれます。もともと WISC-Ⅳ の「知覚推理」の中には、「知覚統合」（見たものの空間配置などをとらえる力）と「知覚推理」（見たものから予想・類推する力）の２点が含まれていましたが、「知覚推理」として一括りにされて結果が出ていました。WISC-Ⅴ 知能検査ではこれを２つの指標に分けることで「知覚統合」と「知覚推理」の２つの特性が把握しやすくなります。

❷補助指標検査

　この指標検査からは、「量的推理 QRI」、「聴覚ワーキングメモリー AWMI」、「非言語性能力 NI」、「一般知的能力 GAI」、「認知熟達度 CPI」が測定できます。「一般知的能力 GAI」や「認知習熟度 CPI」は WISC-Ⅳ 知能検査でも測定できましたが、他の３指標は WISC-Ⅴ 知能検査から新たに測定することができるようになる指標であり、特に「非言語性能力」では、言語によらない知的発達の程度を測定することができるようになります。

❸関連指標検査

　この指標検査からは、「呼称速度 NSI」、「シンボル変換 STI」、「貯蔵と検索 SRI」の３つが測定できます。特に読み書きの基礎になる「呼称速度」（RAN:Rapid Automatized Naming）の測定が可能となり、学習障害 LD の背景にある特性の把握が期待できます。

　上記のようにこれまで測定できなかった認知能力のいくつかが測定できるようになり、WISC-Ⅴ 知能検査の利用がさらに増えていくと考えられます。また WISC-Ⅴ 知能検査では、通常の検査器具・用具の他にタブレット版の発売も予定されているようです。

（４）学習面の苦手さのアセスメントと支援

　先にあげた WISC 知能検査で知的側面と認知側面の発達が明らかになりますが、読み書きや計算などの学習面におけるつまずきの原因をより深く探るためには追加検査が必要となります。先ほど取り上げた「日本版 K-ABC Ⅱ 個別式心理教育アセスメントバッテリー（丸善出版）」、「DN-CAS 認知評価システム（日本文化科学社）」などを WISC 知能検査とテストバッテリーを組んで実施すると WISC 知能検査だけではわから

ない認知特性が明らかになります。しかし、実際には医療機関や相談機関では検査に
かかる時間や児童生徒への負担を考慮すると、なかなか2つの個別式検査を実施する
ケースは少ないようです。そこでWISC知能検査の結果を踏まえて、さらに深く学習
面の苦手さについて調べたいときに学校でも実施できる追加検査を取り上げます。追
加検査として効果的なものは、「改訂版標準読み書きスクリーニング検査STRAW-R」
と「LCSA学齢版言語コミュニケーション発達スケール」があげられます。また、ア
セスメントだけでなく学習指導方法がセットになった「MIM多層指導モデル」と認知
力を高める効果的な指導方法である「コグトレ　みる・きく・想像するための認知機
能強化トレーニング」をあわせて紹介します。

①改訂版 標準 読み書きスクリーニング検査（STRAW-R）（インテルナ出版）

❶概要

　小学校1年生から高校3年生までの「ひらが
な、カタカナ、漢字」の3種類の表記について、
読み書きの実態を把握することができる検査で
す。どの表記に苦手さを抱えているかを把握し、
支援に結びつけることができます。

❷内容

　下位検査は「音読の流暢性（速読）」と「音
読と書取（聴写）の正確性」、「RAN（Rapid
Automatized Naming）」、「計算」の4つで構成
されています。標準化された音読や書き取りの

改訂版標準読み書きスクリーニング検査
出典：「改訂版標準読み書きスクリーニング検査
（STRAW-R）」（インテルナ出版）

課題があり、学年全体の成績を踏まえ学年における習熟度の状況が把握できます。

❸特徴

　WISC知能検査だけでは把握できない読み書きの苦手さの背景にある認知特性である
「音読の流暢性」や「自動化能力（RAN）」の把握や書字のアセスメントができるので、
学校や家庭での学習支援に結びつけることができます。発達障害と診断はされていな
い児童生徒で、読み書きの苦手さを持つグレーゾーンの子どもたちは増加傾向にあり
ます。学習への遅れがきっかけで、不登校などの二次的な障害となるケースも少なく
ありません。小学校の低学年のうちに苦手さを把握して、学校や家庭での適切な支援
に結びつけることができます。

② LCSA（LC scale for School-Age Children）
学齢版言語・コミュニケーション発達スケール（学苑社）

❶概要

　LCSA（LC scale for School-Age Children）学齢版言語・コミュニケーション発達ス
ケールは学齢期の児童（小学校1年生から4年生まで）を対象とした言語・コミュニケー
ション発達スケールです。言語スキルの特徴を測ることができます。なお、就学前の

幼児用としては LC スケールという検査があります。個別式検査で、実施にあたっては 45 分から 55 分程度の検査時間を要します。そのため通常の学級で一斉に実施することは難しいですが、通級による指導や特別支援学級（情緒障害・自閉症）の児童生徒への個別実施には適した検査です。

LCSA　学齢版言語・コミュニケーション発達スケール
出典：「LCSA 学齢版言語・コミュニケーション
発達スケール」（学苑社）

❷内容

11 の下位検査から構成されていて、「文や文章の聴覚的理解」、「語彙や定型句の知識」、「発話表現」、「柔軟性」、「リテラシー」の 5 つの学習面における力が測定できます。検査結果は「LCSA 指数」という総合的な言語の発達指標と「リテラシー指数」という書記表現に関するスキルとして文章の読み書きや仮名文字の習得度が明らかになります。発達指数は知能指数同様にいずれも 100 を平均とする指数で表示されます。

❸特徴

この検査の特徴としては、WISC 知能検査では測れない言語特性が明らかになる点です。小学校の特別支援学級や通級による指導での学習面のアセスメントが可能となる検査で、相談機関で実施された WISC 知能検査を踏まえて実施するとよいでしょう。検査冊子の購入者は検査用紙や集計表を無料で出版社のホームページからダウンロードできるメリットがあり、学校で実施しやすい検査と言えます。WISC で「読み書きの苦手さ」が指摘された場合に、もう少し掘り下げて苦手な認知特性を明らかにし、授業での支援に結びつけることができるので、ぜひ実施してみてください。

③ MIM（Multilayer Instruction Model）多層指導モデル（学研）

次に紹介するのは国立特別支援教育総合研究所で開発された「MIM（ミム）多層指導モデル」です。小学校低学年を中心に通常の学級で使用できる読みに関する実態の把握と学力指導のための教材です。

通常の学級内での効果的な指導	1stステージ	全ての子ども
通常の学級内での補足的な指導	2ndステージ	1stステージのみでは伸びが乏しい子ども
補足的、集中的、柔軟な形態による個に特化した指導	3rdステージ	1stステージ，2ndステージでは伸びが乏しい子ども

通常の学級における多層指導モデル MIM の構造
出典：「多層指導モデル MIM 読みのアセスメント・指導パッケージ
ガイドブック」（学研教育みらい）より引用

❶概要

通常の学級に在籍する異なる学力層の児童生徒のニーズに対応した指導・支援を提供することを目的とした教材です。拗音、促音、長音、拗長音などの特殊音節の理解や文字をかたまりで捉える力について、アセスメントと指導方法が体系化されたプログラムです。通常の学級全体を対象とした指導からスタートし、学級の中で補足的・個別的な支援など学力差のある児

童生徒の指導まで行います。特に読みを中心にして、「学習につまずく前に」、「つまずきが深刻化する前に」指導・支援を提供するねらいをもった教材です。学年は指定されておらず、小学校高学年でも使用できますが、小学校低学年での導入が望ましいと思われます。特徴は、先ほどもあげた通り「アセスメント」と「指導・支援」がセットになった教材です。読みの指導として、国語の年間指導計画の中に位置付けて実施することができます。

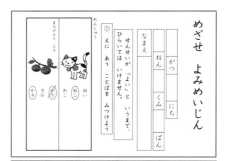

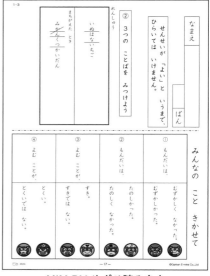

MIM-PM めざせ読み名人
（アセスメント）
出典：「多層指導モデル MIM 読みの
アセスメント・指導パッケージ」
（学研教育みらい）より引用

❷アセスメント

MIM は実態把握（アセスメント）を重視しています。アセスメントは学級集団全体で実施できます。定期的なアセスメント「MIM-PM（MIM-Progress Monitoring）めざせ読み名人」を実施して、個人や学級全体の習得度の実態やその変化を評価することができます。3つの選択肢から絵に合う語に丸をつける「絵に合うことばさがし」テストと3つの語を素早く読んで、語と語の間を線で区切る「3つのことばさがし」テストの2種類で構成されています。それぞれのテストは1分間で実施し、正答数を集計します。パソコンで使用できる集計表が用意されているので、一人一人の児童生徒の成績を入力することで、学級全体の成績の状況や一人一人の児童生徒の成績の推移が明らかになります。テスト種類は複数のパターン（11回分）が用意されていて、毎月実施するなど定期的に実施し、学級全体や一人一人の児童生徒の学力の変化を把握することができます。

❸指導方法

アセスメント（MIM-PM めざせ読み名人）をもとに学級の児童生徒の実態を踏まえ、特殊音節の理解と音読など流暢性にかかわる力を伸ばします。読みの力は全ての学習領域に影響する内容で重要な力です。指導方法のポイントは、「視覚化や動作化を通じた音節構造の理解」、「逐語でなく、かたまりとして語を捉えることによる読みの速度向上」、「日常的に用いる語彙の拡大と使用」を基本とします。読み書きに困難を示す児童生徒たちの中には拗音や長音など特殊音節のつまずきが大きい場合が少なくありません。特殊音節の聞いた音と書く文字の規則やルールがわからないまま学年が上がってしまっている児童生徒も少なくありません。この未習得が読み書きの苦手さのベースになっている場合もあります。そのため MIM ではアセスメントにもとづいて、特殊

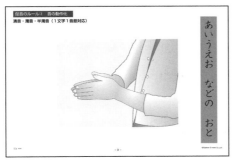
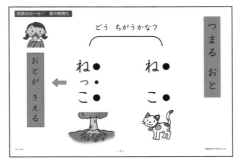
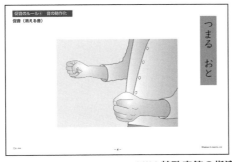
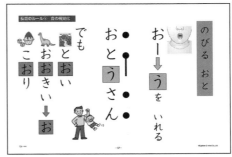

MIM 特殊音節の指導法（視覚化と動作化）
出典：「多層指導モデル MIM 読みのアセスメント・指導パッケージ」（学研教育みらい）より引用

音節の指導を重要視しています。指導方法としては「視覚化」と「動作化」です。目で見て音をわかりやすくしたり、手をたたいてその音を表現したりするなど、わかりやすく特殊音節の理解を図ります。聞いた音と書く文字の違いや例外のルールも整理して教えていきます。また、学級全体の指導では習熟度に応じて差が出てくることがあり、その場合は早口ことばゲームやしりとりことばさがしなどの学習速度に応じた補助的なプリント教材も用意されています。異なる学力層のどの児童生徒も楽しく取り組めるのがこの教材の魅力です。なお、MIM は通常の学級を対象としたアセスメントと指導・支援教材ですが、特別支援学級や通級による指導でも有効活用できる教材です。

④コグトレ　みる・きく・想像するための認知機能強化トレーニング（三輪書店）

　次に紹介するのは認知機能を育てる指導方法の「コグトレ」です。ビジョントレーニングなど視機能訓練と似ている面がありますが、コグトレは認知機能や作業能力、対人能力などのそれぞれの領域の力を高めるために開発された認知力を高める教材です。先に述べたような検査やアセスメントが十分できず、学習でのつまずきの背景にある認知特性が明らかになっていなくても、認知機能全般を高めるのに有効な指導方法です。コグトレは「認知 ○○ トレーニング（Cognitive ○○ Training）」の略称で、対人スキルの向上を目的とした「認知ソーシャルスキルトレーニング COGST」と基礎学力の土台作りを目的とした「認知機能強化トレーニング COGET」、不器用さの改善を目的とした「認知作業トレーニング COGOT」の３つのトレーニングがあります。全て市販されている教材なので、児童生徒のつまずきに応じて利用すると効果的です。

ここでは「認知機能強化トレーニングCOGET」をご紹介します。認知機能の強化を目的としたトレーニング教材です。CD-ROMが付いているので教材をプリントアウトして利用できます。「記憶」、「言語理解」、「注意」、「知覚」、「推論・判断」の認知機能を育てることを目的に「覚える」、「数える」、「写す」、「見つける」、「想像する」の5つの分野のトレーニングで構成されています。WISC知能検査で認知面の苦手さを指摘されている場合、認知力全般を育てることを目的に特別支援学級や通級による指導、また家庭学習などで利用できる教材です。

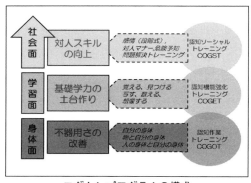

コグトレプログラムの構成　　　認知機能強化トレーニング COGET

出典：JACOGT（一般財団法人日本CG-TR学会HP）

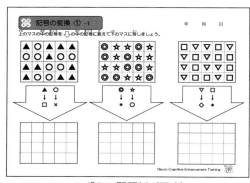
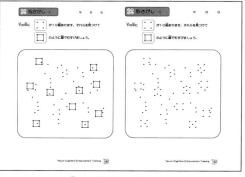

コグトレ問題例（写す）　　　　コグトレ問題例（見つける）

出典：「コグトレみる・きく・想像するための認知機能強化トレーニング」（三輪書店）より引用

⑤その他、読み書きのアセスメントツールや教材

　他にも担任が利用しやすい読み書きについての簡易アセスメントや教材を紹介します。

NPO法人スマイルプラネットホームページ

▶ https://smileplanet.net/specialty/

　「読み・書き・計算等の苦手を改善・克服するための特別支援教材」としてホームページに公開されている読み書きのアセスメントツールと教材です。アセスメントツールとしては、スマイル・プラネット版「読み書きスキル簡易アセスメント」があります。これは、学年に応じた課題を選択し、ダウンロード・出力して児童に取り組ませ、得

点に応じて診断結果を確認する簡易な読み書きのアセスメントです。

　また、教材としては、認知特性別読み書き支援「スマイル式プレ漢字プリント」が
あります。児童の認知特性に合わせて選べる漢字プリントです。ホームページからダ
ウンロード・印刷して利用できます。他にも算数の教材として「スマイル式九九プリ
ント」などもあります。

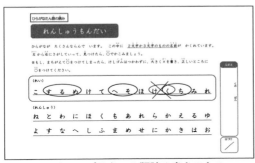

スマイル・プラネット版読み書きスキル
簡易アセスメント

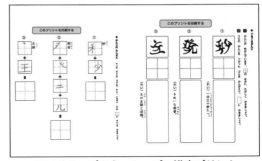

スマイル・プラネット　プレ漢字プリント

出典：NPO法人スマイル・プラネットHPより引用

東京都教育委員会ホームページ　「読めた」「わかった」「できた」読み書きアセスメント

▶ https://www.kyoiku.metro.tokyo.lg.jp/school/document/special_needs_education/
guideline.html

　東京都教育委員会のホーム
ページにある「『読めた』『わ
かった』『できた』読み書きア
セスメント活用＆支援マニュ
アル」（小学生版・中学生版）
では、学習の「つまずき」の
状況やそれを踏まえた指導・
支援の方法が分かりやすく紹
介されています。「つまずき」
の状況や要因を把握して、効
果的な支援方法に結び付けて
いきましょう。

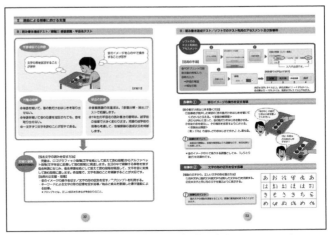

「読めた」「わかった」「できた」読み書きアセスメント
出典：東京都教育委員会HPより引用

（5）行動面のアセスメントと支援（応用行動分析ABA）

　特別支援学級や通級による指導では、行動面に課題のある児童生徒の指導で困って
いる教師も少なくありません。そこで学校でできる行動面に着目した児童生徒理解の
方法や行動改善について取り上げます。

①応用行動分析（Applied Behavior Analysis：ABA）

　応用行動分析ABAは自傷行為や他害行為などの不適切な行動（これを「行動問題」

と呼びます）に着目し、その行動が起こる前後の刺激や情報に着目して、その行動変容を促していく方法です。つまり不適切な行動を望ましい行動に変えていく方法です。

　児童生徒の行動には意味があります。例えば、突然席を立ってしまう児童生徒は実は教師が手にしていた教材が触りたくて席を立っていたり、テストで突然テスト用紙を破ってしまう児童生徒はテストが難しくて破ってしまったり、大人から見るとただ困った行動も、児童生徒にはその行動の理由やきっかけがあります。また不適切な行動のあとには、注意をされたり、テストを受けなくて済んでしまったり、その行動自体が繰り返されるような対応を周囲がしてしまっています。このように「行動」には意味があり、またその前後の刺激や働きかけが行動を生起させる重要な要素になります。この行動とその前後の刺激に着目してよりよい行動へと改善していくのが応用行動分析によるアプローチです。

❶行動のアセスメントと機能分析

　児童生徒の気になる行動は、大きく「注目」、「拒否・回避」、「要求」、「感覚」の4つに分類することができます。例えば、誰かの気を引くための行動であれば「注目」、テストプリントを破って課題に取り組まない行動は「拒否・回避」、欲しいものがあって泣いて訴える場合は「要求」、自分の髪の毛を抜いてしまう行動は「感覚」です。

MAS（Motivation Assessment scale）

出典：Durand, V. M.（1990）. *Severe behavior problems: A functional communication training approach.* Guilford Press.（東京学芸大学小笠原恵研究室 HP 掲載の日本語訳版から引用）

行動にどんな意味があるのかをアセスメントするにあたって、「MAS（Motivation Assessment scale）」が利用できます。このチェックリストを使うと気になる行動が、先にあげた4つの行動の目的のどれに該当するかが把握できます。簡単にチェックできるので、まず気になる行動の意味を把握してみましょう。

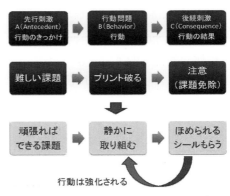

応用行動分析「ABC 分析（機能分析）」

気になる行動の意味を把握したら、次に行動を、A 先行刺激（Antecedent）、B 行動問題（Behavior）、C 後続刺激（Consequence）の3つの枠から分析します。これを「機能分析」や「ABC 分析」と呼びます。つまり気になる B 行動（標的行動）を決めたら、その行動が起きる前の A 先行刺激とその行動の強化の役割を果たしている C 後続刺激を見つけます。そして、その前後の刺激を変えることで、不適切な行動から望ましい行動へと変えていきます。特に先行刺激は指導や支援のあり方との関連が深い刺激です。課題の難易度や分量の設定、環境設定などの工夫で気になる行動が減るケースも少なくありません。まずは先行刺激を工夫して、不適切な行動を望ましい行動に変えていきましょう。次にその望ましい行動が定着するような後続刺激（例えば本人にとってのご褒美となることなど）を工夫することで、行動が改善していきます。この機能分析を活用することで、教師間の児童生徒の気になる行動の理解の視点が共有化され、具体的な支援策が見つけやすいので、校内研修などの機会に取り上げてみてはいかがでしょうか。

❷課題分析

応用行動分析では「課題分析」と言われる手法もあります。児童生徒の課題に対する行動や動作を一つ一つのステップに細分化していく手法です。例えば、「パンツをはく」という行動を細分化すると図のようになります。なかなか前後の間

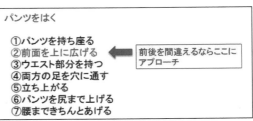

応用行動分析「課題分析」

違いが直らない児童生徒であれば、パンツを履く課題について課題分析をしてつまずきの行動や動作を明らかにします。それによってその苦手な部分に対してどのような支援をするのかを明確化することができます。例えば、着替えが苦手な児童生徒に対して、漠然と着替えの指導をするのではなく、できないところに焦点化して指導することで効率的な指導が可能となります。このように気になる児童生徒の課題を行動面から細分化して、児童生徒がどこでつまずいているのかを明らかにする分析手法を「課題分析」と呼びます。特別支援学級の個別の指導計画の指導内容を決定する際に参考

となる方法です。機能分析による行動修正の際にも、この課題分析を行うことでスモールステップで行動を修正してくことができます。ぜひ参考にしてみてください。

（6）社会適応力のアセスメント

知的障害の児童生徒のアセスメントでは知能検査を実施し、知能指数 IQ の値ばかりに注目しがちです。しかし、現在の知的障害の定義では、①発達期に現れる、②知的機能が有意に平均より低い、③日常生活において適応行動上の障害がある、の３つを満たすことが示されています。特に③の「適応行動上の障害」については、意外に注目されていない現状にあります。しかし、自立と社会参加を目指す特別支援教育では、知的障害の児童生徒の社会生活適応力が、今後ますます重要な視点となってきます。そこで、学校でできる知的障害の児童生徒の「社会適応力」をアセスメントする方法を紹介します。

① Vineland-Ⅱ適応行動尺度（日本文化科学社）

知的障害のある人の適応行動の発達水準を幅広く捉え、個別の教育支援計画や個別の指導計画の作成に役立つ検査です。保護者や支援者への面接による質問方式の検査です。適用年齢は０歳からほぼ全年齢が対象で、20分から60分ぐらいで実施できます。適応行動

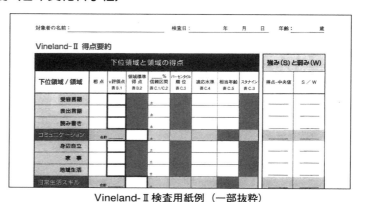

Vineland-Ⅱ検査用紙例（一部抜粋）
出典：「Vineland-Ⅱ適応行動尺度」（日本文化科学社）より引用
※日本文化科学社より許可を得て転載

の発達水準の把握が可能で、「コミュニケーション（受容言語、表出言語、読み書き）」、「日常生活スキル（身辺自立、家事、地域生活）」、「社会性（対人関係、遊びと余暇、コーピングスキル）」、「運動スキル（粗大運動、微細運動）」の４つの適応行動領域と「不適応行動（不適応行動指標、不適応行動重要事項）」領域が把握できます。

② ASA 旭出式社会適応スキル検査（日本文化科学社）

幼児から高校生までを対象とした社会自立の基礎となる社会適応スキルを評価する質問紙検査です。保護者や支援者が回答できる質問紙検査で、20分から30分で実施できます。「言語スキル」、「日常生活スキル」、「社会生活スキル」、「対

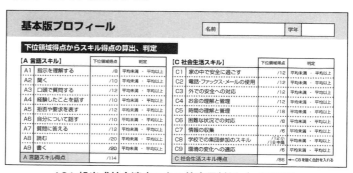

ASA 旭出式社会適応スキル検査用紙例（一部抜粋）
出典：「ASA 旭出式社会適応スキル検査」（日本文化科学社）より引用
※日本文化科学社より許可を得て転載

人関係スキル」の４つのスキルに関する相当年齢や社会適応性の把握ができます。おもに、軽度の知的障害の児童生徒の社会適応スキルが把握できる検査です。

③S-M社会生活能力検査第３版（日本文化科学社）

乳幼児から中学生を対象とした質問紙検査で、おもに発達の程度が３歳未満の児童への実施が望ましい検査です。保護者や支援者が20分程度で回答することができます。「身辺自立」、

〈領域別社会生活年齢プロフィール欄〉

領　域	領域別社会生活年齢
SH　身辺自立　Self-Help	1　2　3　4　5　6　7　8　9　10　11　12　13　14　15歳
L　移　動　Locomotion	
O　作　業　Occupation	
C　コミュニケーション　Communication	

S-M社会生活能力検査第３版検査用紙例（一部抜粋）
出典：「S-M社会生活能力検査第３版」（日本文化科学社）より引用
※日本文化科学社より許可を得て転載

「移動」、「作業」、「コミュニケーション」、「集団参加」、「自己統制」について社会年齢や社会生活指数が算出できます。おもに中度から重度の知的障害児童生徒の社会生活能力を把握することができる検査です。

コラム

「読み書き」の苦手な子どもの理解と支援 －RAN課題（Rapid Automatized Naming）－

　小学校では「読み書き」の学習に苦手さを示す子どもたちへの支援が注目されています。このような子どもへの支援では、やみくもに繰り返し学習することは学習定着につながらないだけでなく、本人の学習不適応感を生んでしまう場合があります。どうして読めないのか、その苦手さの背景にある特性を把握した上で、適切な支援をすることが大切です。

　例えばひらがなを「読む」には、
　①目で見た情報を文字として認識する→②文字を音に変換する→③文字をかたまり（単語）として認識する→④文字（単語）と頭の中の語彙を照合する
などの情報処理の過程があげられます。読みに苦手さがある子どもたちは、このどこかの過程において何らかの苦手さを抱えていると考えられます。
　また、文章をスラスラと音読するためには「流暢性」が必要であると言われています。これは自動化能力とも呼ばれます。この力を測る検査として、数字とイラストの名前を連続して音読したり呼称したりする、RAN課題（Rapid Automatized Naming）があります。本書で取り上げた「改訂版標準読み書きスクリーニング検査 STRAW-R」でこの流暢性を測ることができます。また今後、WISC知能検査でもこの課題の導入が予定されているようです。
　読み書きの苦手な子どもに対しては、苦手さの背景を把握してその子どもに合った学習方法を提供するとともに、その苦手さをカバーするためにパソコンやタブレットなど代替手段の効果的な活用など、適切な支援を考えていきましょう。

RAN（Rapid Automatized Naming）課題例
出典：金子真人「RAN検査の機序と実用性に関する研究」を参考に著者が作成

参考文献

第Ⅱ章

津川律子・山口義枝・北村世都（2015）「Next 教科書シリーズ　教育相談」弘文堂

高橋三郎（監訳）・染矢俊幸・江川純（訳）（2018）「DSM-5 児童・青年期診断面接ポケットマニュアル」医学書院

高橋三郎（監訳）・染矢俊幸・北村秀明（訳）（2015）「DSM-5 診断面接ポケットマニュアル」医学書院

文部科学省（2013）「教育支援資料」初等中等教育局特別支援教育課

杉山登志郎（2011）「発達障害のいま」講談社現代新書

本田秀夫（2017）「自閉スペクトラム症の理解と支援」星和書店

岡田尊司（2011）「愛着障害 子ども時代を引きずる人々」光文社新書

エレイン・N・アーロン（著）冨田香里（訳）（2008）「ささいなことにもすぐに「動揺」してしまうあなたへ。」SB 文庫

熊谷恵子（2018）「アーレンシンドローム 光に鋭敏なために生きづらい子どもたち」幻冬社

小渕千絵・原島恒夫（2016）「きこえているのにわからない APD〔聴覚情報処理障害〕の理解と支援」学苑社

大阪市教育委員会（2019）「児童・生徒理解に関するチェック・リスト」（小学校・中学校・高等学校）指導部 HP

上野一彦・藤田和弘・前川久男・石隈利紀・大六一志・松田修（2010）「WISC-Ⅳ知能検査（実施・採点マニュアル、理論・解釈マニュアル、補助マニュアル）」日本文化科学社

大六一志（2014）「日本版 WISC-Ⅳテクニカルレポート #11 GAI、CPI の概要と活用」日本文化科学社

上野一彦（2020）「日本版 WISC-V の概要 – CHC 理論とこれからの知能検査の動向 –」第 12 回障害の理解と支援に関する総合研究会後期（2）（日本臨床心理士会）

宇野彰・春原則子・金子真人・Taeko N.Wydell（2017）「改訂版 標準 読み書きスクリーニング検査（STRAW-R）」インテルナ出版

大伴潔・林安紀子・橋本創一・池田一成・菅野敦（2012）「LCSA LC scale for School-Age Children 学齢版 言語・コミュニケーション発達スケール」学苑社

海津亜希子（2010）「多層指導モデル MIM『読みのアセスメント・指導パッケージ』つまずきのある読みを流暢な読みへ」学研教育みらい

宮口幸治（2015）「コグトレ みる・きく・想像するための認知機能強化トレーニング」三輪書店

日本 COG-TR 学会（JACOGT）HP「コグトレとは。認知機能強化トレーニング（COGET）」NPO 法人スマイル・プラネット HP

東京都教育委員会 HP「読めた・わかった・できた　読み書きアセスメント活用＆支援マニュアル」

井上雅彦（監）・三田地真実・岡村章司（2009）「子育てに活かす ABA ハンドブック－応用行動分析学の基礎からサポート・ネットワークづくりまで」日本文化科学社

Durand, V. M.（1990）. *Severe behavior problems: A functional communication training approach*. Guilford Press.（東京学芸大学小笠原恵研究室 HP 掲載の日本語訳版から引用）

辻井正次・村上隆（監）・黒田美保・伊藤大幸・萩原拓・染木史緒（2014）「Vineland-Ⅱ適応行動尺度」日本文化科学社

肥田野直（監）・旭出学園教育研究所（2012）「ASA 旭出式社会適応スキル検査」日本文化科学社

上野一彦・名越斉子・旭出学園教育研究所（2016）「S-M 社会生活能力検査第 3 版」日本文化科学社

金子真人（2009）「基盤研究 C　RAN 検査の機序と実用性に関する研究」（科学研究費補助金成果報告書）

第Ⅲ章

教育相談のための
障害福祉と
進路・就労の基礎

第Ⅲ章

教育相談のための障害福祉と進路・就労の基礎

　この章では特別支援教育やインクルーシブ教育の背景にある障害福祉の動向について、教育相談担当や特別支援教育コーディネーターが知っておきたい事柄について説明します。あわせて、現代の福祉制度や福祉サービス、障害のある子どもたちの進路・就労の概要についても取り上げます。

1　障害福祉の基礎知識

（1）障害者権利条約と国際生活機能分類 ICF

　障害者の権利や福祉に関する動向はこの 20 年で大きく変わりました。2006 年に国連総会において「障害者の権利に関する条約（いわゆる障害者権利条約）」が採択されました。これは、障害者の基本的人権や基本的自由の享有の確保、障害者固有の尊厳の尊重など、障害者の権利を実現するための措置を規定した国際的な条約です。障害者のあらゆる差別を禁止し、障害者の社会参加を促進していくもので、2007年に日本は同条約に署名し、「障害者基本法の改正」、

障害に関する法令の流れ

2006 年 12 月	国連総会で障害者権利条約が採択
2007 年 9 月	日本が障害者権利条約に署名
2008 年 5 月	障害者権利条約発行
（日本は条約締結に先立って、国内法令の整備を推進）	
2011 年 8 月	障害者基本法の改正
2012 年 6 月	障害者総合支援法の成立
2013 年 6 月	障害者差別解消法の成立 障害者雇用促進法の改正
2013 年 11 月	国会で障害者権利条約の締結が承認
2014 年 1 月	日本で障害者権利条約を批准
2014 年 2 月	日本国内でも障害者権利条約が発効

「障害者総合支援法の成立」、「障害者差別解消法の成立」、「障害者雇用促進法の改正」など国内法の整備を進め、2014 年に批准し発効されました。現在はこの条約に基づいて障害の有無にかかわらない共生社会の実現に向けて動き出しています。

　また障害者観も大きく変わりました。1980 年には世界保健機関 WHO が国際障害分類 ICIDH（International Classification of Impairments, Disabilities and Handicaps）を制定しました。国際障害分類とは、障害のレベルを ①機能・形態障害（Impairment）②能力障害（Disability）③社会的不利（Handicap）の 3 つに分類する考え方です。つまり、疾患等によって生じた機能・形態障害（Impairment）が生活上の能力障害（Disabilitiy）となり、それが

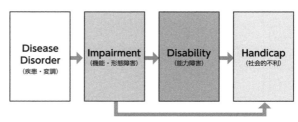

国際障害分類 ICIDH による障害の考え方

社会的不利（Handicap）につながる考え方です。医学的な立場から考えられた障害者のモデルでした。しかし障害者の社会参加を目指して、2001年に世界保健機関WHOは国際生活機能分類ICF（International Classification of Functioning, Disability and Health）を採択しました。この特徴は、生活機能や生活能力に着目し、人の生活機能や生活能力の障害を、①心身機能・身体構

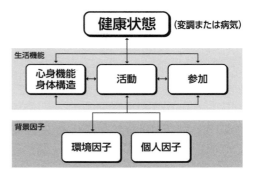

国際生活機能分類 ICF 関連図

造、②活動、③参加、の３つの次元（生活機能）に分類し、それらは、健康状態（変調または病気）と背景因子（個人因子と環境因子の２つ）との相互作用であると規定されました。この考えは「障害の社会モデル」であり、社会参加できない状態を「障害」と捉えた考え方です。一人一人のニーズに応じた社会参加が実現できるように「障害」の原因となっている環境因子などを調整していく考え方であり、これによって障害者の社会参加の視点が広がり、そのために必要な支援（合理的配慮）が重要な概念となってきました。ここから障害の有無にとらわれない社会である共生社会の実現に向けた取り組みが積極的に行われるようになってきました。この障害者観は現在の特別支援教育やインクルーシブ教育の考え方の基礎となっています。

（２）障害者の手帳

　障害のある人は社会参加に向けて一人一人のニーズに応じた支援や福祉サービスが受けられるようになってきました。このような支援を受けるには、障害者であることを証明するための手帳の取得が必要となる場合があります。障害のある人が取得できる手帳は、次の３種類があげられます。

　　・身体障害者手帳（身体障害）
　　・精神障害者保健福祉手帳（精神障害）
　　・知的障害の手帳（知的障害）

「身体障害者手帳」は身体障害者福祉法に定められ、視覚障害、聴覚障害、肢体不自由、内部障害（腎臓や心臓、肝臓などの障害）などの障害が該当し、医師の診断所見を踏まえて都道府県や政令指定都市、中核都市で手帳が交付されます。障害の程度に応じて等級が重度の側から１級から７級まで定められています（障害種によって交付される級は異なる）。

「身体障害者手帳」の障害種と等級

障害種別		等　級
視覚障害		
聴覚又は平衡機能の障害		
音声機能・言語機能 又はそしゃく機能の障害		1級〜7級 （障害種によって異なる）
肢体不自由	上肢	
	下肢	
	体幹	
肝臓、心臓、腎臓 又は呼吸器等の機能障害		

出典：厚生労働省 HP より一部省略して引用

　また「精神障害者保健福祉手帳」は精神保健福祉法に基づき、知的障害者を除く精

神障害の人が都道府県や政令指定都市で取得できます。対象となる障害としては、統合失調症や気分障害、てんかん、発達障害などがあげられます。等級は重度側から1級から3級まであります。自閉スペクトラム症をはじめとする発達障害の人も取得可能ですが、自閉スペクトラム症で知的障害を伴う場合は次にあげる知的障害の手帳の交付が優先されます。

「精神障害者保健福祉手帳」障害の状態と等級

障害等級	障害の状態
1級	精神障害であって、日常生活の用を弁ずることを不能ならしめる程度のもの
2級	精神障害であって、日常生活が著しい制限を受けるか、又は日常生活に著しい制限を加えることを必要とする程度のもの
3級	精神障害であって、日常生活若しくは社会生活が制限を受けるか、又は日常生活若しくは社会生活に制限を加えることを必要とする程度のもの

出典：厚生労働省HPより一部省略して引用

　最後に「知的障害の手帳」です。知的障害の手帳に関する根拠となる法律はなく、厚生労働省の通知（療育手帳制度について）が根拠になって、児童相談所の判定に基づいて都道府県や政令指定都市で交付されています。多くは「療育手帳」という名称で交付されていますが、発行する自治体によって名称や基準も異なります。例えば、東京都は「愛の手帳」、愛知県名古屋市は「愛護手帳」という名称で交付されています。障害の程度によってAやB、または1度、2度などの等級がつけられています。厚生労働省のおおまかな基準としては、知的障害の程度が重度の場合をA、それ以外をBとしていますが、もう少し細かい判定区分を設けている自治体が多いようです。多くの自治体では社会性なども考慮しつつ、知能

「療育手帳等」の障害の程度の区分例

障害の程度	等級の例（自治体により異なる）				IQの目安	生活の状態
最重度	A	A1	A	1度	IQ20以下	生活全般に常時援助が必要
重度	A	A2	A	2度	IQ35以下	日常生活に常時援助が必要
中度	B	B1	B	3度	IQ50以下	日常生活に援助が必要
軽度	B	B2	C	4度	IQ70以下	日常生活はできる

※都道府県の独自基準あり

検査を実施して知的発達の区分に沿って判定をしていることが多いようです。
　手帳取得によるメリットとしては、福祉サービスの利用、障害者雇用枠での就労、家族の所得税や住民税の控除、医療費の割引、鉄道料金の減免、公的手当（障害児者手当など）の支給、などがあげられます。特に学校卒業後に障害者雇用枠での就労を考えていたり、福祉サービスによる進路を考えていたりする場合は手帳の取得が必要となります。手帳取得にあたって身体障害や発達障害の人は本人の障害認知が欠かせません。ご家族や医療機関や相談機関とよく話し合って本人が納得の上、取得をしていくことが望ましいと思われます。

（3）利用できる福祉サービスと福祉機関との連携

　次に学齢期の障害のある児童生徒たちが受けられるおもな福祉サービスを紹介します。

　まず障害のある児童生徒たちが多く利用しているのが、「放課後等デイサービス」です。このサービスは児童福祉法に規定されたサービスであり、学校に就学している障

害児が放課後や休日に利用することができます。福祉事業所で生活能力の向上のための必要な訓練や社会との交流の促進のためのプログラムが用意されています。よく「放（ほう）デイ」などと略称で呼ばれています。なお、学校では小学生は「児童」、中学生や高校生は「生徒」と表現されますが、児童福祉法では18才未満の子どもがすべて「児童」と規定されています。そのため特別支援学校高等部の生徒も利用することができます。実施する福祉事業所が学校まで児童生徒を迎えに来て、家庭まで送り届けるサービスが多いようです。送り迎えを含めて約3時間程度のサービスとなります。このサービスは障害の手帳所持は条件となりませんので、学習障害などの児童生徒も利用できる場合があります。区市町村によって異なりますので居住地域の区市町村の窓口で確認してみましょう。

　他によく利用されるのが、「移動支援」や「日中一時支援」、「短期入所（ショートステイ）」などです。これらは障害者総合支援法に基づくサービスですが、手帳の所持がなくても自治体から「受給者証」の発行が認められればサービスを受けることができる場合があります。自治体によってサービスが異なるため、居住地域の区市町村の窓口で確認しましょう。「移動支援」は、ガイドヘルパーが「社会生活上必要な外出や余暇活動、社会参加のために必要な移動の介助や介護」を行うサービスです。ガイドヘルパーと散歩をしたり、買い物に行ったり、プールに行ったりすることが多いようです。「日中一時支援」や「短期入所（ショートステイ）」は障害のある児童生徒たちではなく、保護者の休息（レスパイト）を目的としたサービスです。障害のある児童生徒の養育をサポートすることが目的で、休日や放課後の必要な時間について児童生徒を福祉事業所に預けることができるサービスが「日中一時支援」であり、保護者の急な用事や病気などにより何日か泊まりで児童生徒を預けるサービスが「短期入所（ショートステイ）」です。これらの利用については、在住の地域の区市町村窓口や児童相談所での相談が必要となります。

　この他にも障害のある児童生徒や保護者のための福祉サービスが数多く提供されるようになってきました。制度や法律が複雑化しているので、利用を希望する場合はまず居住地域である区市町村の障害福祉課などの窓口に相談する形となります。もしくは区市町村には「相談支援専門員」が福祉事業所などに配置されているのでサービス利用について相談してみるのも良いと思います。また、福祉機関でも一人一人のニーズに応じたサービス提供という観点から、「障害児支援利用計画」の作成が進められています。学校でも個別の教育支援計画の作成が進められていますので、学校も保護者を介して積極的に福祉事業所と連携を図り、障害のある児童生徒への支援の共有化を進めていくのが望ましいと思われます。

（4）中学校卒業後の進路・就労

　次に、中学校の特別支援学級に在籍している生徒の中学校卒業後の進路について取り上げます。中学校卒業後のおもな進路先としては、「特別支援学校高等部」、「高等学

校」、「高等専修学校（技能連携校）・通信制高校（サポート校)」などが考えられます。

①特別支援学校高等部

まず特別支援学校高等部への進学です。特別支援学校は5領域障害（視覚障害、聴覚障害、知的障害、肢体不自由、病弱（身体虚弱を含む))の障害種の児童生徒を対象とする学校です。各特別支援学校がどの障害種を対象としてるかは、学校によって異なります。知的障害の児童生徒を対象とする学校や肢体不自由の児童生徒を対象とする学校、病弱の児童生徒を対象とする学校など、「○○特別支援学校」との学校名だけからは対象とする障害種はわかりません。学校案内や学校ホームページなどを見て対象となる障害種を確認しましょう。最近では複数の障害種（例えば、肢体不自由と知的障害を対象とするなど）を設置する特別支援学校も増えてきています。中学校の知的障害特別支援学級に在籍する生徒の多くは知的障害特別支援学校高等部へ進学しています。しかし、特別支援学校高等部は義務教育ではないため自治体によって方法は異なりますが、入学者選考などが行われます。また入学者選考前にその学校を見学したり教育相談を受けたりすることが必要になることが多いので、希望する学校の見学会などに早めに参加して、入学までのスケジュールや手順などを必ず確認しておきましょう。また、自治体によっては軽度知的障害の生徒を対象とした高等特別支援学校や特別支援学校高等部職業科などがあります。これらの学校は人気が高く、募集定員も限られているため高倍率になり、通常の特別支援学校よりも狭き門となっています。なお、特別支援学校に知的な遅れのない発達障害の児童生徒たちの在籍するケースも見られますが、知的な遅れのない発達障害の児童生徒は、本来、知的障害の特別支援学校の対象ではないことを理解しておきましょう。もし、発達障害の児童生徒が入学を希望する場合は必ず事前に入学について特別支援学校へ確認しておきましょう。

②高等学校

発達障害や情緒障害などの生徒の進路先としては、高等学校が考えられます。高等学校には普通科、職業科、定時制など多様な学びの場があります。自治体によって異なりますが、定時制には夜間定時制の他に昼間定時制、Ⅰ部（午前)・Ⅱ部（午後)・Ⅲ部（夜間）の時間帯を設定した学校などもあります。朝から登校するのが難しい不登校傾向の生徒にとっては、学校開始時間が全日制の学校より遅い時間設定であるため登校への抵抗が少ないと思われます。また最近では普通科の高等学校でも発達障害などの生徒を対象とした「通級による指導」を実施する学校が少しずつ増えてきました。そこでは特別の教育課程

定時制高校時間割 （例）

1 校時	8:40 ～ 9:25	昼間部 Ⅰ部
2 校時	9:30 ～ 10:15	
3 校時	10:25 ～ 11:10	
4 校時	11:15 ～ 12:00	
5 校時	13:15 ～ 14:00	昼間部 Ⅱ部
6 校時	14:05 ～ 14:50	
7 校時	15:00 ～ 15:45	
8 校時	15:50 ～ 16:35	
9 校時	17:45 ～ 18:30	夜間部 Ⅲ部
10 校時	18:35 ～ 19:20	
11 校時	19:30 ～ 20:15	
12 校時	20:20 ～ 21:05	

として、一人一人のニーズを踏まえ、特別支援学校の「自立活動」を参考にした指導が行われます。

③通信制高校（サポート校）・高等専修学校（技能連携校）

発達障害や情緒障害などの生徒の進路先の一つとして、「通信制高校（サポート校）・高等専修学校（技能連携校）」があげられます。「通信制高校」は通信添削などにより自宅で学習する学校です。対面授業として設定されているスクーリングなどの授業も一部ありますが、基本は自宅で学習してテストを受けて単位を取得していきます。しかし一人で自宅学習を進めるのは難しいため、通信制高校の内容についての講義を行う「サポート校」があります。通学による対面授業やインターネットによるオンライン授業で、単位取得をサポートしていく形態です。一般的には「通信制サポート校」と呼ばれ、高等学校卒業資格の取得が目的となりますが、生活面のサポートも行われます。

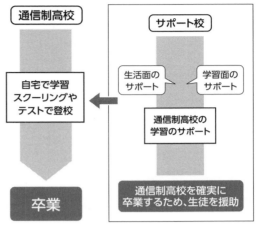

通信制高校とサポート校

また「高等専修学校」は中学校卒業者を対象とした専門学校であり、コンピュータや調理、家政、商業などの技能を身に付けたり、資格取得を目指したりする学校です。高等専修学校の中には「技能連携校」と呼ばれる学校があります。これは通信制高校と提携し、高等学校の卒業資格も合わせて取得できる仕組みの学校です。高等専修学校（技能連携校）での学習単位が高校卒業単位としても認められるので、専門的な技能を身に付けながら高等学校卒業資格が同時に取得できるわけです。

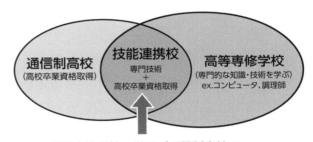

高等専修学校の学習が通信制高校の
卒業単位として認められる。

高等専修学校と技能連携校

このように生徒のニーズや実態によって多様な進路先があるので、早めに調べておきましょう。次に特別支援学校高等部を卒業後の進路先（就労先）について説明します。おもに「就労」と障害者総合支援法における「就労系障害福祉サービス利用」があります。

④就労と特例子会社制度

障害者の就労は、通常の就労と障害者雇用枠による就労に分けられます。通常の就労は健常の人と同様の採用や雇用です。しかし、障害の手帳を所持していれば、「障害

者雇用枠による就労」が可能となります。障害者雇用枠による就労は障害者雇用促進法に基づいて、障害のある人の就労を促進して社会参加を促していくための制度です。現在、事業者である雇用主には一定の障害者を雇用する割合が定められています。これは「障害者雇用率」と言われ、一定数以上の障害者の雇用が義務付けられています。そのため障害者を対象とした採用試験を実施したり、通常の就労でも障害者を積極的に採用したりする企業が増えつつあり、障害の手帳所持者の就労の間口は広くなってきています。また、障害者の職業生活における自立支援事業として、「障害者就業・生活支援センター」で就労に関する相談支援や就労後のジョブコーチなど障害者の就労を支える制度も整っています。

また企業の障害者雇用の一形態として、グループ企業などを中心にした「特例子会社制度」が増えてきています。企業の中で障害者が働

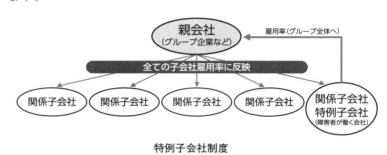

特例子会社制度

く会社を設立し、障害者を一か所で雇用し、そこで一人一人の障害の特性に合わせた仕事内容を設定し、運営していく方式です。これによってグループ企業全体の障害者雇用としてカウントできることと、障害者が働く部門を一か所に設けることで、障害者へのサポートがしやすくなり、企業効率が上がるとも言われています。

⑤就労系障害福祉サービス

特別支援学校高等部を卒業後すぐに就労するのが難しい場合に、障害者総合支援法に基づく就労系障害福祉サービスを利用する進路もあります。おもに次の３つがあげられます。いずれも通所による事業所です。

・就労移行支援事業（訓練等給付）

・就労継続支援事業（Ａ型・Ｂ型）（訓練等給付）

・生活介護事業（介護給付）

「就労移行支援事業」は一般企業等への就労を希望する人に、一定期間、就労に必要な知識及び能力向上のために必要な訓練を実施します。つまり就労のための訓練機関です。ここで就労のための技能や態度を身に付け、その後就労を目指していくことになります。

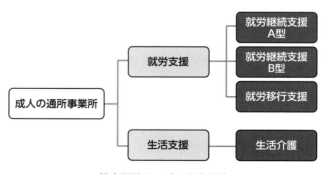

障害福祉サービス事業体系

「就労継続支援事業」は、一般企業等での就労が困難な人に、働く場を提供するとともに、知識及び能力の向上のために必要な訓練を行います。この中には雇用契約を結ぶＡ型（雇用型）と雇用契約を結ばないＢ型（非雇用型）に分けられます。Ａ型事業所では賃金が支給されるので、就労に近い進路先になります。またＢ型事業所では賃金は支給されませんが、事業所ごとに作業製品などを製作・販売した収益の中から工賃として手当が支給されます。障害者総合支援法の法体系ではＡ型やＢ型などの名称のためわかりにくさがありますが、広く「作業所」と捉えていただくと、イメージしやすくなるのではないでしょうか。

最後に「生活介護事業」です。重度の障害があり、日中の生活をする場としての生活介護は、常に介護を必要とする人に、昼間、入浴、排せつ、食事の介護などの支援を行うとともに、創作的活動又は生産活動の機会を提供する事業です。作業製品などの製作活動を行う場合もありますが、それだけでなく、余暇を過ごしたり介護を受けたり生活の場としての役割が重視される事業です。

発達障害の人はこれ以外に大学や専門学校、職業訓練校などへの進学などの進路もあります。特に大学の入学試験では障害特性に配慮した入学試験や進学先での合理的配慮などが進められています。

2　障害福祉の動向を踏まえたこれからのインクルーシブ教育

これら障害福祉の動向を背景に学校で進められてきたのが、特別支援教育とインクルーシブ教育です。特別支援教育は、「障害のある幼児児童生徒が自立し、社会参加するために必要な力を培うため、幼児児童生徒一人一人の教育的ニーズを把握し、その可能性を最大限に伸ばし、生活や学習上の困難を改善または克服するため、適切な指導及び必要な支援を行うもの」（文部科学省）です。それまでの特別支援学校や特別支援学級などの「場」で行われていた教育ではなく、「ニーズ」に基づく教育です。欧州特別支援教育機構はインクルーシブ教育の世界的なアプローチを（1）単線型（一般学校ですべての子どもがインクルージョンされることを目指し、一般学校を中心にサービスを提供する）、（2）二線型（特別なニーズのある子どもは特別支援学校または特別支援学級に在籍して一般教育カリキュラムによらない）、（3）多重線型（一般教育と特別なニーズ教育の2つのシステムで多様なサービスを提供する）、の3つに分類しています。日本は多様な学びの場が用意されており、（3）多重線型に該当します。日本は特別支援学校、小・中学校の特別支援学級、通級による指導など通常の学級以外の多様な学びの場があります。インクルーシブ教育システムと呼ばれ「連続性のある多様な学びの場」が用意されているのが特徴です。なお、特別支援教育は通常の学級も含めて学校全体で行われる教育であることを再認識しておきましょう。

通常の学級での実践こそが障害の有無にとらわれない共生社会の実現に向けた理想の形です。まずは授業のユニバーサルデザイン化と言われるように、通常の学級の授

業について誰もがわかりやすい授業や環境設定を工夫することが重要です。もちろん個への配慮も必要となってきます。特に発達障害と診断されている児童生徒へは年度当初に保護者としっかり話し合いをして、障害のある児童生徒が通常の学級で学習するにあたって必要な支援である「合理的配慮」を確認し、保護者・本人と学校の話し合いに基づいて合意形成を図り支援を実践しましょう。また、インクルーシブ教育システムでは、交流及び共同学習の推進が重要です。障害のある児童生徒も障害のない児童生徒も互いのかかわりの中から学んでいく機会を積極的に設定していきましょう。

　今後の学校教育では、より一層共生社会の推進が進められていきます。そのためにも今後通常の学級に在籍しながら、必要な児童生徒たちが必要な時間だけ抽出して指導が行われる「通級による指導」への期待がさらに高まっていくと考えられます。通常の学級の中で障害の有無にかかわらない学びの実現に向けた、わかりやすい授業と環境設定、個別の配慮の工夫を進めていきましょう。

参考文献

第Ⅲ章

玉村公二彦・清水貞夫・黒田学・向井啓二（2015）「キーワードブック特別支援教育 インクルーシブ教育時代の障害児教育」クリエイツかもがわ

世界保健機関（WHO）（編）障害者福祉研究会（2002）「ICF 国際生活機能分類－国際障害分類改定版－」中央法規

厚生労働省 HP「障害者手帳（身体障害者手帳・療育手帳・精神障害者保健福祉手帳）、放課後等デイサービスガイドライン、障害者総合支援法、障害者雇用促進法の概要、特例子会社制度の概要、障害者福祉サービス等」

文部科学省 HP「広域通信制高等学校 基礎資料 1（広域通信制高等学校関係法令・現状等）」

内閣府 HP「障害を理由とする差別の解消の推進」

国立特別支援教育総合研究所インクルーシブ教育システム推進センター（2020）「諸外国におけるインクルーシブ教育システムに関する動向－令和元年度国別調査から－」

第IV章

教師が知っておきたい教育テーマ

第Ⅳ章

教師が知っておきたい教育テーマ

　社会状況の変化に伴い、学校では多くの現代的なテーマが課題となっています。ここでは「不登校」、「いじめ」、「自殺とリストカット」、「児童虐待と DV」、「日本語指導が必要な外国人児童生徒等への支援」、「LGBT・SOGI、性同一性障害」、「子どもの貧困」など、現代の学校が抱えるおもな教育テーマを取り上げます。

1　不登校

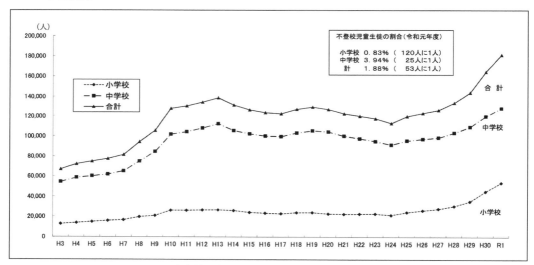

小学校・中学校の不登校児童生徒の推移
出典：文部科学省「令和元年度児童生徒の問題行動・不登校等生徒指導上の諸課題に関する調査結果について」より引用

　不登校は、「何らかの心理的、情緒的、身体的あるいは社会的要因・背景により、児童生徒が登校しないあるいはしたくともできない状況にあるために年間 30 日以上欠席した者のうち、病気や経済的な理由による者を除いたもの」（文部科学省）と定義されています。小・中学生の不登校の数は年々増加傾向にあります。登校しぶりを含めると、多くの学級にその傾向を持つ児童生徒が在籍していると考えられます。

（1）不登校の現状

①不登校のきっかけ

　不登校になった直接のきっかけは、「学校生活に起因するもの」、「家庭生活に起因するもの」、「本人の問題に起因するもの」に大きく分類することができます。「学校生活

に起因するもの」としては、友人関係（いじめを含む）、学業の不振などがあります。「家庭生活に起因するもの」は、親子関係をめぐる問題や家庭の生活環境の影響などがあります。「本人の問題に起因するもの」としては、心理的、発達的な本人にかかわる様々な問題があります。この中には、怠学・非行、発達障害、性格特性などが含まれます。不登校になる何らかのきっかけがある場合もありますが、きっかけが必ずしも原因とは限らないことを理解しておきましょう。

②不登校状態が長期化してしまう理由

　不登校の初期段階は登校しぶりから始まることが多いようです。朝起きると頭痛や腹痛のため遅れて学校に行くようになったり、ポツリポツリと欠席したりするようになってきます。次第に欠席が続き、不登校になっていくことがあります。

　小・中学校で不登校状態が改善されずに長期化してしまう理由について、中学校ではいじめ以外の友人関係や遊び、非行などが多いのに対し、小学校では理由がはっきりしないことが指摘されています。発達的な課題や学習の問題、家庭環境・親子関係などの要因が幅広く絡み合っているため、多くの場合は原因を特定することはできません。

（2）不登校の理解

　不登校は一人一人によって抱える課題が異なりますが、特に多く見られる「不安など情緒的混乱」、「無気力」、「発達的な課題」の3つのタイプについて取り上げます。

①「不安など情緒的混乱」タイプ

　このタイプは登校の意思はあるものの、身体の不調を訴え登校できない、何らかの不安によって情緒的な混乱が生じ、登校しない、できない状態です。多く見られる様子としては、前日の夜は登校への意欲は高いものの、朝になると頭痛や腹痛などの身体症状を訴え、登校への抵抗を示します。保護者が無理に連れ出そうとすると、激しく抵抗するなど感情の高ぶりが見られます。保護者が根負けして欠席することにすると、午後にかけて少しずつ情緒が安定していくことが多いようです。

　友人関係や教師との関係、学業不振など学校生活の出来事がきっかけで不登校になった場合は、その出来事が解決されることで登校できるようになることもあります。また、しばらく家にいて弱った心のエネルギーを充電することで登校につながることもあります。親子関係が改善されることで登校につながることもあります。しかし、直接の原因がはっきりしないことが多く、長期化してしまうことも少なくありません。本人の発達の課題、心の病、生育過程での親子関係や小学校低学年によく見られる親子の分離不安、周囲の期待に応えようとする過剰適応に伴う息切れ、両親の不和や児童虐待など家庭生活環境、など様々な要因が考えられます。そのため決まった登校支援の方法はなく、背景にある一人一人の抱える課題の見立てを踏まえた適切な登校支援が重要です。

② 「無気力」タイプ

　無気力で登校できない児童生徒の特徴としては、欠席していても罪悪感などを感じることは少なく、担任が家庭訪問すると翌日は登校できることも少なくありません。また、行事など関心の高い活動には参加できることもありますが、安定した登校が定着しにくい傾向にあります。学校生活では友人関係などでの明確なトラブルがなかったり、家庭生活でも親子関係で大きな課題が見られなかったり、原因がはっきりしないことが多いようです。個人的要因として発達的な課題を抱えていたり、自尊感情が低かったり、何か幼少期からの発達過程での未体験、未獲得の課題があることも考えられます。そのため、児童生徒に合わせた体験的な活動への参加を工夫したり周囲の児童生徒や親子とのやりとりを促したりして、適切な登校支援を根気よく行う必要があります。

③ 「発達的な課題」タイプ

　先に述べた２つのタイプも含めて不登校の背景に発達障害がある場合もあります。例えば、集団が苦手な自閉スペクトラム症の児童生徒が、ある学級での出来事がきっかけで欠席がちになったケースでは、そのきっかけが解決されても、家庭でゲームなど好きなことに没頭してしまい、学校で学ぶ意味が見出せなくなり、二次的に不登校の状態が長期化してしまうことがあります。このような発達的問題が不登校を長期化させてしまうことがあるため、本人の登校意欲が上がるような学校生活の魅力を伝えるなど、適切な登校支援が重要です。また欠席時の家庭でのゲームなどの過ごし方のルールを明確化することなど、家庭への支援もあわせて行う必要があります。自信をなくしたり情緒が不安定になるなどの二次障害に注意しながら、発達障害の特性を踏まえた登校支援や家庭での過ごし方の定着が必要となります。

（３）　不登校の見立てと対応

　不登校は児童生徒のSOSであると理解し、児童生徒の気持ちに沿って無理な登校を促すことのないようにしましょう。不登校の児童生徒への対応については、教育相談担当が中心となって、まず不登校の児童生徒の担任や養護教諭等と情報の共有をしましょう。理由がはっきりしないままおおむね３日連続での欠席が続いた場合には、担任による家庭訪問なども検討しましょう。児童生徒が直接会いたがらない場合もあるので、その場合は無理をせずに保護者との情報交換を行いましょう。不登校の対応については、背景にある課題の見立てを行い、児童生徒の気持ちを踏まえた適切な登校支援が重要です。不登校がなかなか改善されない場合は、スクールカウンセラーとも連携し、校内委員会で管理職の指導のもと対応方針を明確にしていきましょう。

　不登校への対応は、登校しぶりなど初期段階での対応が重要です。児童生徒の気持ちと不登校の見立てを踏まえ、登校刺激が妥当であるのか、しばらく家庭での休息を尊重するのか、その見極めや判断が必要となります。特に登校しぶりが始まると保護者は「このまま不登校になったらどうしよう」という不安から、登校を強く促してし

まい、かえって逆効果になることもあります。親子関係など家庭生活に関する要因が大きいと考えられる不登校ケースについては、保護者の子どもへの向き合い方などをテーマにしたスクールカウンセラーによる継続的な面接が効果的な場合があります。家庭の問題が大きい場合はスクールソーシャルワーカーと連携して地域での必要な支援につなげる必要がある場合もあります。無気力タイプや発達障害が背景にあるケースでは適度な登校支援が必要となる場合もあります。しかしながら、要因によって対応は様々で、必ずしも正解があるわけではありません。いずれも「チームとしての学校」として情報を共有して組織的な対応をすることが大切です。

（４）学校におけるこれからの不登校の対応

　先ほども述べましたが、発達障害が背景にある不登校の占める割合は年々高まっています。特に学習障害のグレーゾーンと言われる児童生徒たちが、小学校３年生前後を中心に学習の遅れから不登校や登校しぶりになるケースも少なくありません。先にあげた発達アセスメントを行い、早期に適切な支援が必要となります。「不登校児童生徒の支援の在り方について（通知）」（文部科学省）では、「不登校児童生徒への支援は、『学校に登校する』という結果のみを目標にするのではなく、児童生徒が自らの進路を主体的に捉えて、社会的に自立することを目指す必要があること。また、児童生徒によっては、不登校の時期が休養や自分を見つめ直す等の積極的な意味を持つことがある一方で、学業の遅れや進路選択上の不利益や社会的自立へのリスクが存在することに留意すること」と、学校に対する不登校の支援の視点が提示されました。集団での生活適応が難しい場合は、学校に行くことだけを目的とせず、区市町村教育委員会の教育支援センター（適応指導教室）や民間のフリースクールなども含めて児童生徒一人一人にあった居場所づくりや社会自立を考えていくことの意義が示されました。教育支援センター（適応指導教室）とは、「不登校児童生徒等に対する指導を行うために教育委員会及び首長部局が、教育センター等学校以外の場所や学校の余裕教室等において、学校生活への復帰を支援するため、児童生徒の在籍校と連携を取りつつ、個別カウンセリング、集団での指導、教科指導等を計画的に行う組織として設置したものをいう。なお、教育相談室のように単に相談を行うだけの施設は含まない」と定義されています（文部科学省）。不登校が長期化しているケースでは、相談室や保健室で過ごす別室登校など学校への適応支援を行ったり、登校が難しい場合は、教育支援センター（適応指導教室）やフリースクールなど校外の居場所も考えたりしていきましょう。最近は特例校（不登校児童生徒を対象とする特別の教育課程を編成して教育を実施する学校）の設置も広がってきています。学習の遅れの対応として、今後はICTによる遠隔授業の可能性も期待されています。また、不登校の児童生徒一人一人について「児童生徒理解・支援シート」を作成・活用して家庭・関係機関や専門家との組織的対応も示されました。特別支援教育における個別の指導計画作成や日本語指導が必要な外国人児童生徒等の個別支援計画の作成はすでに進められています。教師にとって過度

な負担のない範囲でこれらの資料と合わせて不登校傾向の児童生徒一人一人について「児童生徒理解・支援シート」を作成し、保護者と学校、関係機関で一人一人に応じた社会自立を目指した計画的な支援の方向性を共有していきましょう。

児童生徒理解・支援シート（不登校）の例
出典：文部科学省「不登校児童生徒の支援の在り方について」より引用

2　いじめ

いじめが原因で児童生徒が心身ともに傷ついてしまうような悲しい結果を招かないためにも、教師一人一人が「いじめ」について理解を深め、早期に介入していきましょう。まず、いじめの定義を確認します。「いじめ防止対策推進法」（文部科学省）によると、いじめは、「児童生徒に対して、当該児童生徒が在籍する学校に在籍している等当該児童生徒と一定の人的関係にある他の児童生徒が行う心理的又は物理的な影響を与える行為（インターネットを通じて行われるものも含む。）であって、当該行為の対象となった児童生徒が心身の苦痛を感じているものとする。なお、起こった場所は学校の内外を問わない」と定義されています。

悪口など

仲間はずれ

暴力

金品の強要

いやがらせ

インターネット、SNSでの中傷

いじめ

以前のいじめは教師の目が届くところで起きていましたが、最近はインターネットやSNS内でのいじめが増加していて、大人たちから見えにくい状況になってきています。また、いじめの対象は必ずしも特定の児童生徒だけでなく、最初はいじめていた児童生徒がある時からいじめられる対象になってしまうこともあり、流動的です。さらに、いじめなのか遊びの延長なのかの見極めが難しいケースもあります。

（1）いじめの認知・把握

該当の児童生徒が精神的、身体的な苦痛を感じていたら、仲の良い児童生徒同士のからかいであってもそれは「いじめ」の初期段階と捉えていきましょう。「いじめ」を把握する視点としては、苦痛と感じる児童生徒の気持ちを最優先します。いじめる側の児童生徒にいじめる気持ちがなかったとしても、その行為自体は「いじめ」の一つ

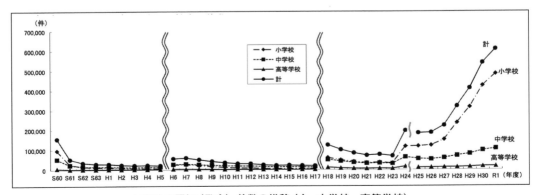

いじめの認知（発生）件数の推移（小・中学校、高等学校）

出典：文部科学省「令和元年度児童生徒の問題行動・不登校等生徒指導上の諸課題に関する調査結果について」より引用

であることをまずは教師が理解しておきましょう。文部科学省では学校でのいじめの認知件数調査を行っています。年々いじめの認知件数は増加傾向にあります。これはいじめ自体が増加しただけではなく、教師が今までいじめの範疇に入れていなかった児童生徒たちのやり取りをいじめにつながる初期行為として認識するようになった結果であると言えます。つまり教師のいじめに対する認識と意識が高まった結果です。しかし、いじめ認知について、最大の認知件数の都道府県と最小の認知件数の都道府県の差が大きく、教師一人一人の「いじめ」の捉え方の違いが課題となっています。ほんの些細な出来事である児童生徒同士のやり取りであっても、児童生徒の傷つきにつながりかねないやり取りであれば、いじめの初期段階と捉えて早期に介入する姿勢が重要です。

（２）いじめの構造

いじめを考える視点として、学級集団におけるいじめの４層構造という考え方があります。いじめには「被害者」、「加害者」以外にも、直接はいじめをしていないが、いじめを囃し立てる「観衆」の存在と、見て見ぬ振りをする「傍観者」の存在を含めたいじめの集団構造が指摘されています。いじめが発生した場合は、何よりも被害児童生徒の安全確保が重要です。また、加害児童生徒への指導だけに終始するのではなく、いじめの再発防止に向けた学級集団全体への介入が欠かせません。

被害者：いじめられている子ども
加害者：いじめている子ども
観　衆：はやし立てたり、面白がって見ている子ども
傍観者：見て見ぬふりをする

いじめの四層構造論
出典：森田洋司「いじめとは何か」（中公新書）を元に作成

（３）いじめの心理

いじめる児童生徒側の心理としては「ストレス解消」や「異質なものへの嫌悪感情」、「ねたみや嫉妬感情」、「遊び感覚やふざけ意識」、「いじめられる被害者にならないための回避感情」などがあげられます。現代社会では児童生徒の日頃からのストレスが高まっています。学校や家庭での不安や心配な気持ちなどいろいろな感情が児童生徒の中にたまり、それが溢れて怒りや攻撃となって他者へ向けられていく心の働きが考えられます。加害者であるいじめてしまった児童生徒の満たされない不安など心へのケアの対応も必要です。

また、いじめられる児童生徒の要因は、以前は対人関係の苦手さや性格特性などの個人要因が指摘されていましたが、現在では対人関係が苦手で周囲とうまくかかわれない児童生徒が集団から外されてしまうケースもあれば、全くいじめられる要因のない児童生徒が急にいじめの対象となってしまうなど、本人の要因に関係なく起こっています。

（4）いじめへの対応

　大切なことは、教師一人一人が「いじめはどこにもある、どこでも起こりうるもの」という認識をしておくことが重要です。その上でいじめが起こらない学級づくりをしていきましょう。教師たちは「自分の学級にいじめがあるはずがない」という認識（これを「正常性バイアス」と呼びます）を抱きがちな傾向にあります。悪気がなくてもいじめにつながる可能性があることや誰にも起こる可能性があることを認識し、学級全体の児童生徒同士の関係を把握しておきましょう。

　いじめの対応としては「予防教育」、「いじめの把握」、「相談力を高める」、「早期対応」などの視点が欠かせません。

①予防教育

　教師は、何よりも「いじめを許さない学校・学級」の方針をしっかり児童生徒に示し、いじめに対する毅然とした対応が重要です。そして、人権に配慮した予防的な取り組みが必要になります。Ⅰ章で紹介した構成的グループエンカウンター（SGE）など、自分の気持ちや人の気持ちに気づくようなグループワークを日頃から取り入れたクラスづくりや道徳・保健体育の授業を通して「心の授業」などを積極的に行っていきましょう。学級集団としていじめが生まれない学級づくりが大切な視点です。

②いじめの把握

　早期にいじめに気づくためには、日頃から児童生徒の声をダイレクトに聞く機会の確保が大切です。担任と児童生徒が一対一で話ができる個別の教育相談の時間を定期的に持ちましょう。また、学校全体で行ういじめアンケートや教育相談アンケートもいじめの気づきのための有効な方法です。ただし、教師や大人に対していじめを隠す児童生徒も少なくありません。気になる児童生徒については、気を付けて様子を観察するとともに、教師から声をかけてじっくり話をする機会をもちましょう。客観的に学級全体の人間関係などを把握しておくのも効果的です。図にあげた学級集団アセス

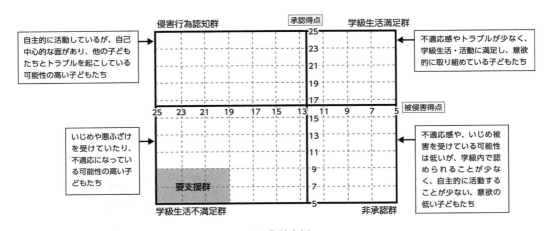

Q-U 集計表例

出典：河村茂雄「学級づくりのための Q-U 入門」（図書文化社）を元に作成

メント Q-U／hyper-QU（河村茂雄）などの学級アセスメントを実施することで、学級集団や児童生徒同士の関係が把握しやすくなり、学級の中で支援が必要な児童生徒の把握ができます。また、インターネットにおけるいじめについては学校が把握しにくいですが、ネットパトロールなどを実施している自治体では、その情報から早期に介入することが可能です。また文部科学省の「いじめのサイン発見シート」も参考に家庭とも連携して、いじめの早期発見に努めましょう。

いじめのサイン発見シート
出典：文部科学省「不登校児童生徒への支援の在り方について」より引用

③相談力を高める

　Ⅰ章でも取り上げましたが、いじめの対応としては相談力（援助希求的態度、援助要請行動）を高める教育相談への取り組みが重要です。いじめられている児童生徒の多くは一人で抱え込んでしまう傾向にあるので、日頃から困ったときに教師や友人に助けを求める相談力の育成が欠かせません。まずは担任へ悩みを打ち明けやすい雰囲気を作っていきましょう。先ほどもあげましたが、定期的に一対一で話を聞くことができる「教育相談」の機会を設定し、児童生徒とのコミュニケーション機会を設定しましょう。身体症状を訴える場合もあるので、困ったときに保健室利用を促したり、悩みがあるときにはスクールカウンセラーに相談したりすることができることも紹介しましょう。また、電話相談などの社会資源があるので、家庭において利用できる相談先を日頃から伝えておくことも大切です。文部科学

24時間子供SOSダイヤル
出典：文部科学省HPより引用

省がいじめ問題など子どものSOSに対する「24時間子供SOSダイヤル」という電話相談を行っています。子どもや保護者等が夜間、休日も含めて相談することができます。所在地の教育委員会の相談機関につながり対応してくれます。児童生徒たちが困ったときに支えて、守ってくれる大人が身近にいることを知らせておき、児童生徒たちの相談力、援助要請力を高めていきましょう。SNS相談などもあるので、実際に授業の中で使い方などを示して、困った時に相談できる力を育てていきましょう。

④早期対応

　些細な行為であっても初期のいじめと認識し、校内いじめ対策委員会で児童生徒の情報を共有しましょう。仲の良い友達同士であっても相手の人格を傷つける発言はいじめの芽として早期に指導していきましょう。万が一、いじめ事案が発生した場合は、担任一人で対応せずに必ず学校全体で共有していきましょう。管理職への報告を踏まえて、対応方針を立てて確認していくことが重要です。まずは被害児童生徒の声を聞き取るとともに、それ以上被害児童生徒へ被害が及ばないような安全対策が欠かせません。そのためには複数の教師で役割を分担して被害児童生徒、加害児童生徒からの話を聞き取りましょう。また加害児童生徒にはすぐにいじめを認めないことも少なくありません。教師は「いじめは許さない」と毅然とした態度で臨むことは大切ですが、指導的な対応ばかりでなく、加害児童生徒の気持ちにも配慮した対応が大切です。一人一人に対して時間をとってしっかり耳を傾けましょう。校内いじめ対策委員会を踏まえて対応方針を立て、家庭への連絡や被害児童の安全確保、加害児童生徒への指導などの対応を進めましょう。特に被害児童生徒、加害児童生徒ともに心のケアが必要になる場合があります。スクールカウンセラーと情報共有をしていきましょう。

（5）重大事態への対応

　「いじめ防止対策推進法」（文部科学省）では、「重大事態」が発生した場合やその疑いがある場合は、地方公共団体の長へ報告した上で、調査組織を設けて調査を行うことが義務付けられています。重大事態とは、①いじめにより生命、心身又は財産に重大な被害が生じた疑いがあると認めるとき、②いじめにより相当の期間学校を欠席することを余儀なくされている疑いがあると認めるとき、とされています。具体的には、①は「児童生徒が自殺を企図した場合」、「身体に重大な傷害を負った場合」、「金品等に重大な被害を被った場合」、「精神性の疾患を発症した場合」があげられています。②の「相当の期間」は、年間30日の目安が規定されていますが、この目安にかかわらず、いじめがきっかけで児童生徒が一定期間、連続して欠席しているような場合は学校設置者又は学校の判断により、迅速に着手することが明記されています。重大事態に発展する前にいじめの初期段階で介入することが大切ですが、万が一にも重大事態が発生した場合は、法令に基づいて被害者の安全を守り、事実関係の調査が必要となります。被害者を守ることを第一に、今後のいじめ撲滅に向けた対応が必要です。

3　自殺とリストカット

　日本における自殺による死亡者数は以前年間3万人を超えていましたが、厚生労働省や各自治体の施策により年間2万人程度まで減少してきました。しかし令和2年は新型コロナウイルス感染症の流行に伴い、再び増加へと転じています。今後も行政による積極的な対応が必要です。40代や50代の年齢層の自殺者が多い傾向に変わりはありませんが、特に最近の特徴としては若年層の自殺の増加があげられます。ここ最近の10代後半から30代の死亡原因の第1位は自殺であり、特に10代の自殺は年々増加しています。10代の自殺者増加の原因は、親子関係や学校での対人関係、性格特性などの個人的要因があげられます。様々な要因が絡み合っていて、原因が特定できないことも少なくありません。

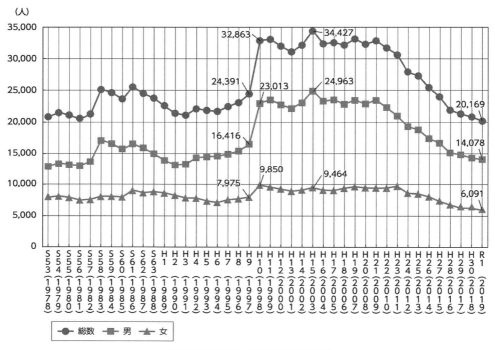

自殺者数の推移（警察の自殺統計）
出典：厚生労働省「令和2年版自殺白書」より引用

（1）自殺の心理的特徴

　「うつ病」など精神疾患の罹患によって自殺リスクが高まります。自殺する人の心理状態は、「心理的視野狭窄」と言われています。これは正常な判断ができなくなり、自殺以外の解決策が見出せなくなってしまう心理状態です。そのような場合は、一刻も早い家庭や医療機関、相談機関との連携が欠かせません。「教師が知っておきたい子どもの自殺予防」（文部科学省）には、児童生徒の自殺の危険因子として、「自殺未遂」、「心の病」、「安心感の持てない家庭環境」、「独特の性格傾向（極端な完全主義など）」、「喪失体験（死別、失恋など）」、「孤立感（友達との軋轢など）」、「安全や健康を守れない

傾向（事故や怪我を繰り返す）」があげられています。ニュースなどでは「いじめ」による自殺がクローズアップされていますが、実際にはいじめ以外の自殺が多数を占めていて、精神疾患など「心の病」による突発的な自殺も少なくないと言われます。

令和元年における死因順位別にみた年齢階級・性別死亡数・死亡率・構成割合

年齢階級	第1位				第2位				第3位			
	死　　因	死亡数	死亡率	割合(%)	死　　因	死亡数	死亡率	割合(%)	死　　因	死亡数	死亡率	割合(%)
10〜14歳	悪性新生物	114	2.1	24.6	自　　殺	99	1.9	21.4	不慮の事故	65	1.2	14.0
15〜19歳	自　　殺	503	8.7	44.0	不慮の事故	239	4.1	20.9	悪性新生物	111	1.9	9.7
20〜24歳	自　　殺	1,045	17.5	52.1	不慮の事故	314	5.3	15.7	悪性新生物	160	2.7	8.0
25〜29歳	自　　殺	1,059	18.0	47.8	不慮の事故	257	4.4	11.6	悪性新生物	240	4.1	10.8
30〜34歳	自　　殺	1,235	18.5	39.7	悪性新生物	533	8.0	17.1	不慮の事故	304	4.5	9.8
35〜39歳	自　　殺	1,288	17.2	27.9	悪性新生物	1,086	14.5	23.6	心　疾　患	420	5.6	9.1
40〜44歳	悪性新生物	2,517	28.2	30.2	自　　殺	1,574	17.6	18.9	心　疾　患	911	10.2	10.9
45〜49歳	悪性新生物	4,698	49.4	33.6	自　　殺	1,816	19.1	13.0	心　疾　患	1,719	18.1	12.3
50〜54歳	悪性新生物	7,383	89.7	37.9	心　疾　患	2,436	29.6	12.5	自　　殺	1,854	22.5	9.5
55〜59歳	悪性新生物	11,693	154.8	42.7	心　疾　患	3,348	44.3	12.2	脳血管疾患	2,008	26.6	7.3
60〜64歳	悪性新生物	20,146	267.8	46.5	心　疾　患	5,328	70.8	12.3	脳血管疾患	2,958	39.3	6.8

出典：厚生労働省「令和2年版自殺白書」より引用

（2）学校での対応

①気になる児童生徒の気づき

　自殺の背景には「心の病」が潜んでいる場合もあり、Ⅱ章で取り上げた「児童生徒の精神疾患」の概要を理解し、日頃から学校での児童生徒たちの様子に注意を向けていきましょう。明るい児童生徒が急に塞ぎ込んでしまったり、死にたい（希死念慮）や自殺したい（自殺願望）などの訴えやつぶやき、リストカットなどの自傷行為、怪我や事故などを繰り返す自暴自棄な様子が見られたりした場合は要注意です。これらのサインを児童生徒のSOSと捉え、児童生徒からのSOSのサインに敏感に察知する教師の姿勢が重要です。

②ゲートキーパーとしての役割

　教師は日々の校務などの業務で多忙ではありますが、気になる児童生徒がいたり、児童生徒から相談を受けたりすることがあれば、翌日に回すことなくその日にその場でしっかり児童生徒と向き合っていきましょう。Ⅰ章でも取り上げましたが、最近「ゲートキーパー」の重要性が指摘されています。学校現場でもこのゲートキーパーの役割に注目が集まっています。まずは学校の教師一人一人がゲートキーパーの役割を担い、悩みを抱えた児童生徒の話に耳を傾けることが大切です。教育相談担当やスクールカウンセラーだけに任せるのではなく、児童生徒が胸の内を打ち明けた信頼できる教師だからこそ、ゲートキーパーとしての役割を果たしていくことができるわけです。ゲートキーパーの役割としては、「受容的なかかわり」、「傾聴」が基本です。まずは辛さを感じている児童生徒の気持ちを受け入れていきましょう。児童生徒の「死にたい」という言葉だけに過剰反応して、自殺を止めることや死ぬことへの一般的な価値観だけを児童生徒に向けても解決になりません。「死にたい」の背景には「生きたい」気持

ちがあり、「死にたいぐらい辛い」気持ちがあるわけです。その気持ちに寄り添っていきましょう。決して表面的な説教や価値観の押し付けにならないことが重要です。もし自殺の危険度が高い状況であれば、じっくり話を聞き、その児童生徒を大切に思う気持ちを伝えたり、自殺してしまったあとの家族や友人の悲しみなど冷静に状況を想像することができるように促したり、再度話をする時間を翌日に設定し、自殺をしないことを約束するなど実行の先延ばしをする対応をしたりしましょう。その上で教師一人で抱え込まず、管理職を含め校内での連携を図るとともに、家族や専門機関との連携が大切です。対応の原則はTALKです。Tell（言葉に出して心配していることを伝える）、Ask（「死にたい」という気持ちについて、率直に尋ねる）、Listen（絶望的な気持ちを傾聴する）、Keep safe（安全を確保する）、の対応を心得ておきましょう。

③自殺予防教育

学校で特に重要なのは、「自殺予防教育」です。まずは「子供に伝えたい自殺予防－学校における自殺予防教育導入の手引き」（文部科学省）を参考に校内できる取り組みを考えていきましょう。Ⅰ章でも取り上げましたが、「GRIP学校における自殺予防教育プログラム」などすでに効果のある既存のプログラムも参考にしましょう。何よりも学校できる予防的取り組みが重要です。実施の観点としては、「いのちを大切にする」、「自分を大切にする」、「友

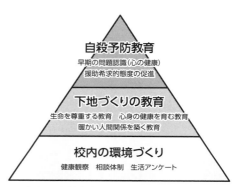

自殺予防教育実施に向けての下地づくり
出典：文部科学省「子供に伝えたい自殺予防」より引用

達を大切にする」、「家族」、「困った時の援助要請」など心理教育の側面が中心です。実施にあたっては教育相談担当を中心にいじめ・不登校対策の取り組みと合わせて学校教育全体の中に計画的に組み入れて実施していくのが望ましいと思われます。道徳や保健体育などの授業で、スクールカウンセラーや養護教諭が「いのち」を尊重する特別講義を実施することも考えられます。

（3）リストカットなどの自傷行為と自殺の関連

10代の若者の自傷行為は増加傾向にあります。突発的に頭を壁にぶつけてしまうこともあれば、ひっそりと自分を傷つけることで心の痛みから逃れようとする場合もあります。手首をカッターナイフなどで傷つける「リストカット」を繰り返す若者が増えています。ここではリストカットの心理的理解と自殺との関連について取り上げます。

リストカットなど自傷行為をする児童生徒たちは、これまでの親子関係や対人関係などの抱える課題が背景にあるものの、児童生徒たちは普段の生活の中でストレスを抱えながらも学校や家庭での生活に適応しようとしています。辛いことを抱えている児童生徒は、通常ならば家族や周囲の友人や教師との関係の中で解消できるはずです

が、解消できない児童生徒たちもたくさんいます。その心の痛みから逃れるために自分を傷つけ、辛い気持ちを解放させていくわけです。リストカットは心のバランスをとるための行為であり、過度なストレスへの本人なりの対処法（これを「コーピング」と呼びます）になっているわけです。教師の立場から自傷行為のある児童生徒に対しては、つい自傷行為をやめさせることばかりを目的とした対応になりがちですが、その自傷行為自体が児童生徒の心を守っている行為になっている場合もあることを理解しておきましょう。したがって、自傷行為をやめさせることばかりに注目するのではなく、児童生徒たちの心の内に向き合っていきながら、自傷行為を減らしても支えられている安心感を育てていくことが重要です。まずは自分を傷つけ、そうしないと耐えていけない児童生徒の気持ちに寄り添っていきましょう。

　このようにリストカットをはじめとする自傷行為は自殺を目的とした行動とはその目的が異なります。リストカットが即自殺に結びつくわけではありませんが、自殺のハイリスク要因にもなります。リストカットによっても心のバランスが取れなくなると、その行為が自殺と結びついてしまう場合もあるので早期の適切なケアが重要です。また、自分の首を絞めたり、過剰な薬物摂取（オーバードーズ）は自殺企図行為であり、早急に医療機関との連携が必要である事態と理解しましょう。

　教師が個人で対応できる限界を意識して、スクールカウンセラーやスクールソーシャルワーカーと相談して医療機関、相談機関と連携することが重要です。

4　児童虐待とDV（ドメスティック・バイオレンス）

　次に世間でも関心の高い児童虐待とDV（ドメスティック・バイオレンス）を取り上げます。児童虐待とDVは相互の関連性が高いので、DVについてもその概要を理解しておきましょう。「学校・教育委員会等向け　虐待対応の手引き」（文部科学省）も参考に適切な対応を心がけましょう。

（1）児童虐待

　児童虐待に関する児童相談所への通告件数は年々増加傾向にあります。これは世間の関心が高まり、社会の中で児童虐待への認知度が高まったためと考えられます。児

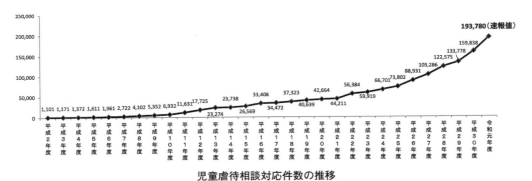

児童虐待相談対応件数の推移
出典：厚生労働省「令和元年度児童相談所での児童虐待相談対応件数（速報値）」より引用

童虐待は早期に適切な介入をすることが何よりも重要です。特に教師は早期に児童虐待のサインを察知できるキーパソンなので、教師一人一人が児童虐待を正しく理解しておきましょう。

①児童虐待の種類

児童虐待は、児童虐待防止法に基づいて、「身体的虐待」、「心理的虐待」、「性的虐待」、「ネグレクト（養育放棄）」の４つに大きく分類されます。「身体的虐待」は叩く、殴るなど養育者から子どもへの身体的な暴力行為です。その他にも厳しい環境下で屋外に長時間立たせるなど身体の安全が脅かされる行為などもすべて含まれます。「心

理的虐待」は子どもへの激しい叱責や人格を否定するような言葉がけなど、子どもの心を傷つける行為全般が該当します。「性的虐待」は養育者による子どもへの性的な行為全般です。子どもに対する直接的な性的行為でなくても、性的行為の映像、画像などを子どもに見せることも性的虐待に含まれます。「ネグレクト」は「養育放棄」とも呼ばれ、食事を与えなかったり、お風呂に入れなかったり、衣服を洗濯しなかったり、本来養育者として果たすべき適切な養育が十分行われていないものです。この中でも特に身体的虐待は生命にかかわるので一刻も早い対応が必要です。

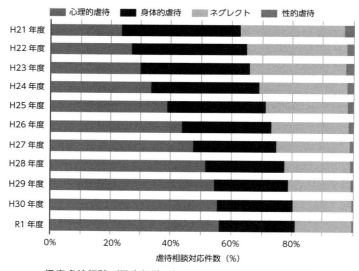

児童虐待相談（児童相談所）における内容別件数の推移
出典：厚生労働省「令和元年度児童相談所での児童虐待相談対応件数（速報値）」より引用

虐待種類別の児童相談所への通告順位としては、心理的虐待、身体的虐待、ネグレクト、性的虐待の順となっています。心理的虐待が多いのは近年夫婦間のDVや喧嘩などを児童の前で行う「面前DV」が心理的虐待として位置付けられたためです。心理的虐待の認知の変化が児童相談所の通告件数や警察への通報件数の増加につながって

います。また、性的虐待は通告される件数は多くはありませんが、実際には発見されにくく、潜在的には多くの性的虐待があることも指摘されています。

②虐待を受けている児童生徒の様子と対応

　学校では特にハイリスクな児童生徒たちについて注意を払っていきましょう。身体的虐待では、体の不自然なあざや擦り傷などに注意しましょう。衣服に隠れている箇所の傷やあざについては身体測定時などの養護教諭の気づきが欠かせません。ネグレクトでは、不潔な衣服や体臭、適切な食事がとれているかなどの状況を把握しておくことが重要です。外見からわかりにくいのが、心理的虐待や性的虐待です。心理的虐待では、感情コントロールがうまくできなかったり、自尊感情が低かったりする様子が見られることがあります。また性的虐待では異性の大人にべったりくっついたり、異性を極端に避けるなどしたり、他人と適度な距離がとれない場合があります。

　もちろん虐待を受けている児童生徒の様子は一人一人の児童生徒によって大きく異なります。幼少期から虐待を受けて育った子どもは愛着障害となり、人に対する基本的信頼感が育っていません。そのため周囲の大人や子どもたちと良い関係を築くことができません。大人に甘えたり独占したりする一方で、感情的になって周囲へ攻撃的な態度を示すなど感情コントロールができなかったり、人との距離がうまくとれなかったりする様子が見られます。また、Ⅱ章でも取り上げましたが、不適切な養育による愛着障害と生まれつきの発達障害との見極めが難しい場合があります。発達障害と考えられる児童生徒の背景に、実は児童虐待が潜んでいる場合もあります。家庭での養育の様子などにも目を向け、児童虐待など不適切な養育の可能性も頭の片隅に置いておくことが重要です。

　児童生徒に不自然な様子が見られた場合は、速やかに管理職へ相談をし、児童生徒自身に話を聞きましょう。虐待を受けている児童生徒は親から受けた暴力を隠そうとする様子も多く見られます。「転んだ」などと言い訳をすることも少なくありません。親を守ろうとする心理を理解し、児童生徒の言葉だけで判断してしまうことがないように注意しましょう。

③虐待をする親の特徴

　虐待をする養育者は、実母、実父が多数を占めています。しかしながら、現在は離婚や再婚の増加に伴い、夫婦がお互いに子どもを連れて再婚する「ステップファミリー」など、家族のあり方が複雑化しています。そのような背景となる家族構成への理解も必要です。また虐待する親自身が生育過程で問題を抱えていることが少なくありません。親が発達障害を抱えていたり、自己肯定感が低かったり、自分自身が虐待を受けて育った経緯があったりするなど、様々な要因があります。特に虐待環境で育った親が同じように子どもに虐待をしてしまう「虐待の連鎖」は大きな課題です。また「しつけ」と称して行う子どもに対する行動規制は親自身の都合に合わせたものが多く、親が大人になりきれていない特徴があります。

④保護者への対応

　日頃の連絡帳や電話、定期的な懇談会などで家庭での親子関係に注意しておきましょう。特に気になる家庭については、年度当初に家庭訪問などを行い、家庭の様子を把握しておきましょう。もともと養育の苦手な保護者もいます。特に「しつけ」と称した厳しい子育てをする保護者に対しては、子育てが思い通りにできない不安などの心情面には共感しつつも身体的暴力や激しい叱責は法令上も認められない行為であることを毅然と伝えていくことも大切です。

⑤児童相談所の役割と虐待通告

　児童虐待防止法では、虐待が疑われる場合は児童相談所や区市町村窓口への通告が学校関係者に義務付けられています。必ずしも確証がなく、虐待が疑われる状況であっても構いません。「学校・教育委員会等向け虐待対応の手引き」（文部科学省）では、早期の命を救う対応が学校関係者に求

児童相談所虐待対応ダイヤル
出典：厚生労働省 HP より引用

められています。児童相談所では通告を受けて 48 時間以内に家庭訪問等をして本人の安全確認を行い、必要に応じて児童を一時保護するように定められています。児童生徒の安全を最優先する視点で対応していきましょう。

　実際に虐待もしくはその疑いがある場合は、多くの場合担任は管理職に報告の上、児童相談所へ通告することになります。担任が一人で抱え込むことのないように学校全体で対応するようにしましょう。学校は児童生徒の安全を第一に考えて対応することになりますが、通告して終わりではなく、今後の児童生徒の育て方など通告後の保護者への支援が特に重要な役割となります。

⑥通告後の対応

　通告後の支援としては、虐待された子どもの心の傷の回復が何より重要です。通告後も引き続き児童生徒が登校するケースでは、必要に応じてスクールカウンセラーのカウンセリングにつなげましょう。また、その後は継続的に虐待がないかどうか確認していくことも必要です。先ほども述べましたが、児童生徒の安全・安心を守ることを第一に対応するとともに、保護者の養育支援も重要な役割です。

（2）DV（ドメスティック・バイオレンス）

　児童虐待とあわせて理解が必要となるのが、配偶者間の DV（ドメスティック・バイオレンス）です。配偶者暴力相談支援センターや警察などへの DV の相談件数は年々増加傾向にあります。DV（ドメスティック・バイオレンス）は、「配偶者や恋人など親密な関係にある、又はあった者から振るわれる暴力」です。

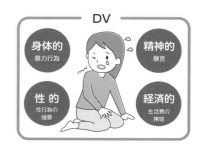

DV の暴力の種類としては、大きく「身体的 DV」、「精神的 DV」、「性的 DV」、「経済

的DV」があげられます。男性がパートナー（婚姻の有無は問わない）へ行う暴力が多く、婚姻関係のない男女間の暴力やデートDVと呼ばれる婚姻前の独身男女間の暴力もDVに位置付けられています。

　児童虐待とDVには密接な関係があり、夫婦間の暴力がある家庭では児童虐待が潜んでいる可能性が高いことが指摘されています。また、児童虐待のある夫婦間にDVがあることが多いことも指摘されています。そのため家庭での夫婦の様子も把握しておく必要があります。先ほども述べましたが、子どもの前での夫婦喧嘩や夫婦間のDV行為が行われることを「面前DV」と呼び、子どもへの「心理的虐待」にあたり、児童虐待の通告対象となっています。

5　日本語指導が必要な外国人児童生徒等への支援

　学校に在籍する外国人児童生徒等が増加してきています。全国の中で地域差が大きいものの、日本語指導が必要となる外国人児童生徒等は全国の小・中学校の約4割に在籍しています。外国人の在住が多い集住地域では、外国人児童生徒等の在籍者数が全校在籍数の5割を超える学校もあります。

　新学習指導要領では、配慮の必要な児童生徒に関する記載があり、外国人児童生徒や外国からの帰国者に対する言語や文化の問題などに関する配慮事項が明記されています。これらの児童生徒たちへの対応として、平成14年度より特別な指導としての日本語指導が制度化されました。これによって特別支援教育の通級による指導のように抽出による日本語指導のための時間の指導が可能となっています。しかしながら必要な全ての児童生徒に対して十分な対応ができているとは言えません。

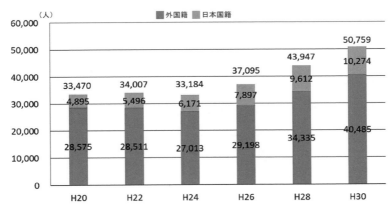

公立学校における日本語指導が必要な児童生徒（外国籍・日本国籍）の推移
出典：文部科学省「日本語指導が必要な児童生徒の受入状況等に関する調査（平成30年度）」の結果についてより引用

　外国人児童生徒等への指導にあたっては、まずは対象となる外国人児童生徒等の日本語能力を正確に把握することが重要です。文部科学省はホームページで、日本語指導や実態把握のための資料を公開しているので、積極的に利用しましょう。また、日

本語指導の必要な外国人児童生徒等へは個別の指導計画を作成して指導にあたることも提示されています。一人一人の日本語能力の実態に応じた指導目標を設定して、計画的に行っていきましょう。

（1）DLA（外国人児童生徒のための JSL 対話型アセスメント）と JSL（第二言語としての日本語カリキュラム）

外国人児童生徒等への指導にあたっては、日本語の習得状況の把握が欠かせません。文部科学省の資料にDLA（Dialogic Language Assessment for Japanese as a Second Language：外国人児童生徒のための JSL 対話型アセスメント）という日本語のアセスメントプログラムがあるので、まず一人一人に対して実施して日本語の状況を把握してから個別に指導内容を検討していきましょう。このアセスメントを踏まえて、日本語指導カリキュラムとして JSL（Japanese as a second language）カリキュラム（第二言語としての日本語カリキュラム）が用意されているので、実際の指導で参考にしましょう。

DLA
出典：文部科学省 HP より引用

（2）外国人児童生徒等の発達障害の見極め

発達障害のある外国人児童生徒等も増えてきています。しかしながら言葉の問題か文化の問題か、発達の問題かを見極めるのは大変難しいと思います。外国人児童生徒等の発達の問題への見極めについては、まずは家庭での母語（第一言語）の獲得状況を把握しましょう。第一言語がしっかり獲得できていれば日本語能力が十分育っていなくても発達的な課題か否かを見極められやすくなります。しかしながら第一言語が十分育っていない場合は、発達の問題なのか言語や文化の問題なのかの見極めが難しくなる場合があります。このようなケースでは、見極めに少し長い期間を要する場合もありますが、言語や文化に影響されにくい教科授業の課題（例えば数学の図形など）の理解度や非言語知能検査などを活用して、見極めていくのが有効な方法です。特に日本語の習得が十分でない児童生徒に対しては、母語を使って対象の児童生徒とコミュニケーションを図ることで、落ち着いた学校生活が期待できる場合もあります。外国人児童生徒等への指導では日本語を中心とした教育はもちろん大切ですが、時に通訳や ICT 翻訳なども活用しながら、児童生徒が安心できるコミュニケーション方法を模索していきましょう。

6　LGBT・SOGI、性同一性障害

（1）LGBT・SOGI（性的指向と性自認）

学校では LGBT に関する話題への関心が高まっています。LGBT は性的マイノリテ

ィーの総称で、L（レズビアン：女性の同性愛者）、G（ゲイ：男性の同性愛者）、B（バイセクシャル：両性愛者）、T（トランスジェンダー：「身体の性」と「心の性」が一致しないため「身体の性」に違和感を持つ）の４つを指します。最近は多様な性の在り方の概念が広がり、Q（クエスチョニング：自分の性別がわからない、決まっていない）や、幅広い性を表す「＋」や「s」を付けて、LGBTQ や LGBT+、LGBTs など、呼び方も多様化しています。

　LGBT には大きく２つの概念があります。一つ目は、どのような人を好きになるのかという「性的指向」に関する概念で、もう一つは自分の性をどのように認識しているのかという「性自認（性の自己認識）」の概念です。最近はセクシャルマイノリティの呼び方として、Sexual Orientation（性的指向）と Gender Identity（性自認）の頭文字をとった SOGI の表現もあります。学校で特に配慮が必要なのは、「性自認」の問題です。いわゆる性同一性障害、性別違和やトランスジェンダーなどの概念です。

（２）性同一性障害

　性同一性障害とは、「生物学的な性と性別に関する自己意識（以下、「性自認」と言う）が一致しないため、社会生活に支障がある状態」とされます（文部科学省）。学校では性同一性障害に係る児童生徒への配慮が必要となります。配慮にあたっては、

- ・個別の事案に応じ、児童生徒の心情等に配慮した対応
- ・当該児童生徒が有する違和感の強弱等は様々であることを踏まえた対応
- ・違和感は成長に従い減ずることも含め変動があり得ることを踏まえた対応
- ・学校で先入観をもたず、その時々の児童生徒の状況等に応じた対応
- ・申し出に基づき、本人や保護者の意向を尊重する
- ・他の児童生徒への秘匿に注意

などがあげられています。これらを踏まえて、学校内の服装やトイレの使用などの配慮を相談しながら進めていくことになります。

　性同一性障害の状態は一人一人によって大きく異なります。性自認に対して深く悩み、自分の生物学的性が受け止められないぐらいの状態から、若干自分の性に違和感を感じるものの生活上の支障がない程度の状態（性別違和）まで様々です。トランスジェンダーは、性別違和と同様で広く性自認の概念です。

7　子どもの貧困

　子どもの貧困問題が喫緊の課題です。最近の調査では全国で子ども７人のうち１人が貧困に該当すると言われています。新型コロナウイルス感染症の流行により、ますます貧困が増えていくことが懸念されます。貧困問題については、「絶対的貧困」と「相対的貧困」の２つの概念があります。絶対的貧困は、食料や衣料など生活に必要な最低限のものが満たされていないことを示します。一方、相対的貧困はその国の生活水準より困窮した状態を示します。相対的貧困の多くは一人親家庭であり、低収入によ

る経済的な支援や地域における生活支援がまず重要です。地域では子ども食堂など安価や無料で食事が提供できるサービスや子どもの居場所づくりが始まっています。「子供の貧困対策に関する大綱」が令和元年11月に閣議決定され、国全体で子どもの貧困対策が進められています。貧困家庭への経済的な支援にとどまらず、学校教育では、学習指導の充実や特に配慮を要する子どもへの支援が示されています。

学校での必要な取り組みとしては、

・子どもの学力の保障に向けた教職員等の指導体制の充実、きめ細かな指導の推進

・子どもが悩みを教職員に相談できるような教育相談体制の充実

・特に配慮を要する児童養護施設等の子どもへの学習・進学支援、特別支援教育就学奨励費等による特別支援教育の充実、外国人児童生徒等の就学状況の把握及び就学促進や日本語指導及び教科指導の充実、中学校・高等学校におけるキャリア教育等の包括的な支援

などが示されています。子どもの貧困は親子関係など家庭の問題につながるため該当の子どもへは日頃から丁寧な対応を心がけましょう。また、病気や障害のある家族の介護や世話にあたらないといけない18才未満の子どもが増えており、「ヤングケアラー」と言われています。貧困問題と合わせて今後対応が必要な社会問題です。

参考文献

第Ⅳ章

文部科学省（2020）「令和元年度児童生徒の問題行動・不登校等生徒指導上の諸課題に関する調査結果について」初等中等教育局児童生徒課

文部科学省（2019）「不登校児童生徒への支援の在り方について（通知）」

文部科学省（2019）「『教育支援センター（適応指導教室）に関する実態調査』結果」

文部科学省（2013）「いじめ防止対策推進法」

森田洋司（2010）「いじめとは何か　教室の問題、社会の問題」中公新書

文部科学省（2016）「いじめの認知について」

文部科学省（2014）「いじめのサイン発見シート」

河村茂雄（2006）「学級づくりのためのQ-U入門『楽しい学校生活を送るためのアンケート』活用ガイド」図書文化社

文部科学省HP「いじめ問題を含む子供のSOSに対する文部科学省の取組」

厚生労働省HP「令和2年版自殺対策白書」

文部科学省（2009）「教師が知っておきたい子どもの自殺予防」

文部科学省（2014）「子供に伝えたい自殺予防―学校における自殺予防教育導入の手引き」

文部科学省（2020）「学校・教育委員会等向け虐待対応の手引き」

厚生労働省HP「令和元年度児童相談所での児童虐待相談対応件数（速報値）」

内閣府男女共同参画（2013）「配偶者からの暴力の防止及び被害者の保護等に関する法律（配偶者暴力防止法）」

文部科学省HP「CLARINETへようこそ　海外子女教育、帰国・外国人児童生徒教育等に関するホームページ」

文部科学省（2019）「日本語指導が必要な児童生徒の受入状況等に関する調査（平成30年度）の結果について」総合教育政策局国際教育課

大山卓（2020）「小・中学校における外国人児童生徒等への指導の現状と課題－発達アセスメントの視点から－」帝京平成大学紀要第31巻

法務省人権擁護局HP　日高庸晴（監修）「多様な性について考えよう！～性的志向と性自認～」

文部科学省（2016）「性同一性障害や性的指向・性自認に係る、児童生徒に対するきめ細かな対応等の実施について（教職員向け）」

葛西真記子（2019）「LGBTQ+の児童・生徒・学生への支援」誠信書房

内閣府（2019）「子供の貧困対策に関する大綱～日本の将来を担う子供たちを誰一人取り残すことがない社会に向けて～」

教師のための
ストレスマネジメント

第Ⅴ章

教師のためのストレスマネジメント

1　教師の多忙化とストレス

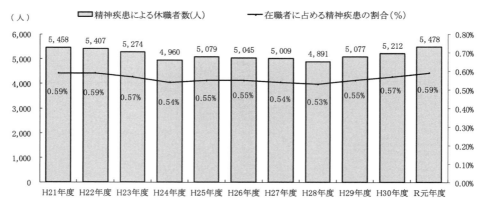

教育職員の精神疾患による病気休職者数の推移
出典：文部科学省「令和元年度公立学校教職員の人事状況調査について」より引用

　教師の多忙化やストレスが注目されています。文部科学省の教員人事行政調査によると令和元年度にうつ病などの精神疾患で休職した全国の公立学校の教員は5,478人で3年連続増加しています。様々な要因が考えられますが、教師の長時間勤務による過労や児童生徒への指導や保護者対応などのストレスが一因であると言われています。教師の多忙化やストレス対策は喫緊の課題で、各自治体や学校単位で様々な対策が講じられています。新型コロナウイルス感染症の流行に伴い、感染症対策など「新しい生活様式」への対応による、教師への負担も懸念されています。

　しかしながら現代社会ではストレスを全く感じない仕事はありません。適度なストレスは仕事や生活の活力の源になります。しかし過度なストレスは精神衛生に影響したり、個人要因とも重なり教師の不祥事を招く一因になってしまったりすることもあります。またストレスの感じ方には個人差があります。もともと持っている個人要因としてストレスに弱いタイプの方もいます。ストレスの原因は個人要因と環境要因が重なり合っているため特定するのが難しいこともあります。ストレスの原因に着目して学校内での多忙化解消へのアプローチももちろん大切ですが、ストレスを溜めない方法や解消方法などを身に付け、ストレスと上手に付き合っていく視点も重要です。

　この章ではまずストレスの仕組みの理解を踏まえ、セルフケアとしてできるストレスマネジメント技法の理解をねらいとします。

2　特別支援教育に携わる教師のストレス

　学校では多忙化解消に向けて校務事務の効率化や会議の短縮化、部活動の外部委託化など様々な対策に取り組んでいます。しかし、特別支援教育や学習指導要領の改訂に伴う外国語活動、特別の教科化となった道徳、プログラミング教育など新しい教育の導入による負担が懸念されます。単に仕事量の増加という側面だけでなく、新しい教育の流れを踏まえた対応をしなくてはいけないこと自体が現場の教師にとっては大きなストレス要因となっていると言われています。

　中でも特別支援教育の導入は学校現場へ大きな影響をもたらしました。特別支援教育の流れは共生社会の実現に向けて、重要な教育の方向性であることは明らかです。しかし、特別支援教育が始まって10年以上が経ちましたが、特別支援教育に携わる教師の負担感やストレスの問題も指摘されています。文部科学省の調査によると令和元年度学校種別の在職者に占める精神疾患による1か月以上の休職者の割合は、小学校1.14％、中学校1.04％に対して、特別支援学校は1.29％と最も多く、公立学校に在籍する教師のうち特別支援学校の教師のストレスが特に懸念されます。児童生徒の実態に合わせた教材作成、行動面に課題のある児童生徒への対応、保護者との連携、学校での校務分掌事務など、特別支援学校に特徴的な職務がその要因としてあげられています。また、小・中学校の特別支援学級の担当者のうち全体の56.9％が精神健康度に何らかの問題を抱えているという研究結果があります（森・田中，2012）。小・中学校の特別支援学級を担当する教師は通常の学級の教師に比べてストレスが高い、と言われています。さらに通常の学級では集団をまとめながら合理的配慮や個別の教育支援計画・指導計画の作成など障害のある児童生徒への支援も合わせて考える必要があり、通常の学級担任の特別支援教育に対する負担意識も高い状況にあります。

　このように特別支援教育を始めとする新しい教育領域への具体的な対応方法のサポートとそれによって生じる教師のストレスに対するサポートの両面を整えていくことが必要であると言えます。

3　ストレスの仕組みとソーシャルサポート

（1）ストレスのメカニズム

　上手にストレスと付き合えるように、まずストレスの仕組みを正しく理解しましょう。ストレスはセリエという人が提唱した概念です。仕事のノルマや仕事の期限など加えられた外的刺激（これを「ストレッサー」と呼びます）に対する身体の非特異的反応（気持ちの変化や身体の症状など、幅広い反応）をストレス（ス

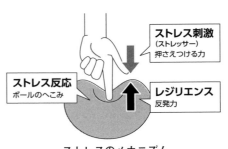

ストレスのメカニズム

トレス反応）といいます。健康な人であれば適度なストレッサーは跳ね返すことが可能です。ゴムまりを指で押して、離すと元の形に戻る状態をイメージしてみてください。しかし、この跳ね返す力（これを「レジリエンス」と呼びます）には個人差があります。精神的に弱い人は同じ力でも耐えきれずに、風船のように割れてしまうこともあるわけです。

（2）ストレスの汎適応症候群

精神健康度が高ければ、ストレッサーがあってもそれを跳ね返すことができますが、大きなストレッサーが持続的に身体に加わることで耐え切れなくなってしまう反応（ストレス反応）をセリエは汎適応症候群と呼びました。そして、時間経過によ

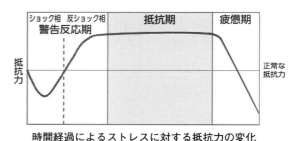

時間経過によるストレスに対する抵抗力の変化
出典：文部科学省「CLARINETへようこそ第2章心のケア論」を元に作成

るストレスに対する抵抗力の変化について、「警告反応期」、「抵抗期」、「疲憊期（ひはい）」の3つの概念を示しました。ストレッサーが加わると身体が一時的に警告を発し精神的な辛さを感じるようになります（警告反応期）。最初は辛いですが、その状況に適応するように頑張るシステムが働き、その状況に立ち向かっていきます（抵抗期）。この状態で目標をクリアしてその状況から脱却することもありますが、この状態が長く続いてしまう場合やさらに大きなストレッサーがかかると対処能力を超え、耐えきれなくなって心的エネルギーが低下していくことがあります（疲憊期）。精神衛生に大きな影響を及ぼし、適応障害やうつ病を招くこともあります。そのためストレスに耐えながら頑張って対応して問題をクリアしようとしている早期に、周囲からの適切なサポートが重要となります。

（3）ソーシャルサポート

ではどんなサポートがあったら困っている教師の手助けになるのでしょうか。日頃私たちは何か困ったことが起こったときには、周囲の人や友達へ相談したり、解決に向けて情報を収集したりします。その人の周りにある利用できる相談情報や相談窓口のことを「社会資源」や「資源（リソース）」と呼びます。そして、このように困った人を支える情報やサポートシステムのことを「ソーシャルサポート」と呼びます。このソーシャルサポートには、具体的な問題の解決を目的とした「道具的サポート」と辛い気持ちを軽減する働きを担う「情緒的サポート」があります。例えば、苦手なパソコンを使って授業の教材を作成するときに、パソコンに詳しい校内の情報担当の教師によるサポートシステムがあったり、パソコンに関する情報が閲覧できるような情報ライブラリーが準備してあったりするなど、具体的な解決に結びつけることができるサポートが「道具的サポート」にあたります。一方で具体的な解決策ではなく、パ

ソコンを使った授業がうまくできない困った自分の気持ちを学校内の同僚に聞いてもらい、心理的な負担が軽減されるのが「情緒的サポート」です。どちらもストレスに向けたサポートとしては重要な視点です。

4　ストレスと関連の深い概念

（1）レジリエンスと自己肯定感

　最近「レジリエンス」という概念が注目されています。レジリエンスはもともとは「回復力」とか「復元力」という意味で、最近ではストレスを跳ね返す力や負けない心の力として、使われるようになってきました。先ほども述べましたがストレスの感じ方には個人差があります。つまりストレスを跳ね返す力（レジリエンス力）にも個人差があります。最近は少しの出来事で心が傷ついてしまう人が増えていると言われています。これは教師も同様です。この背景には様々な要因が関連していますが、一つには自己肯定感の低さが関係していると言われています。自己肯定感の低い人は、失敗して恥をかくことに慣れていなかったり、「完璧でなければいけない」という価値観を持っていたりする傾向があります。「〜しなければいけない」という「べき思考」に縛られてしまい、できない自分を受け入れられなかったり、自分を好きになれなくなったりします。特に教師は理想の教師像やあるべき教師像を強く心に描きがちで、このような「べき思考」にとらわれやすいと考えられます。自己肯定感が低いために、自分ができない不満を他人に対して「怒り」として表出してしまい、職場で対人関係のトラブルを招いてしまう場合もあります。

　自己肯定感を高めるためには「〜べき」を捨て、ありのままの自分に「向き合う」ことが大切です。自分に向き合い、できない自分を責めるのではなく、できない自分を受け入れて肯定的に捉えていくことが大切です。例えば「仕事に時間がかかる」というネガティブな考え方を「仕事に慎重に取り組む」のように、ポジティブな感じ方に変えていくような向き合い方です。すぐにはできませんが、次に紹介する認知行動療法やマインドフルネスによるストレスマネジメントなどの技法を参考にしてみてください。「いま、ここ」の自分に向き合い、自分自身を受け入れていく体験がしやすくなると思います。また、日頃の職場環境の中で自己肯定感を育む視点も必要です。授業や児童生徒への向き合い方、教材の工夫など、一人一人の教師の特に優れている面や頑張っている点を生かせる職務配置や職場の雰囲気づくりなどへの配慮も重要です。

（2）「怒り」－キレやすい現代社会

　最近は「キレる子ども」が増えていると言われています。また子どもばかりでなく、煽り運転やクレーマーなど「キレる大人」もクローズアップされています。教師が「怒り」をコントロールできないと、体罰やその他の不祥事につながってしまうこともあります。

「怒り」を感じること自体は否定することではありません。「怒り」は「恐れ」、「喜び」、「不安」などの基本感情の一つで、「情動」と呼ばれています。情動はおもに大脳辺縁系の扁桃体という部分が司っており、人間だけでなく動物が持つ本能的な感情であり、危険を察知するための欠かせない働きです。つまり「怒り」を感じることは当たり前のことであり、それをコントロールできないところに問題があるわけです。

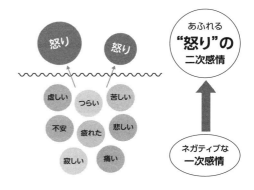

「怒り」のメカニズム

「怒り」は二次感情であると言われています。つまり、辛さや不安、虚しさなどの日頃抱えている一次感情が心から溢れてしまって、「怒り」という二次感情の表出につながります。したがって日頃から一次感情を溜め込まないことも大切です。また、「べき思考」という「〜しなければいけない」という考え方の癖が一次感情の背景にあって、現実はうまくできないギャップから「怒り」となって表出されてしまうこともあります。

　このメカニズムを理解した上で、怒りをコントロールし、より良い人間関係を目指すのが「アンガーマネジメント」（怒りのコントロール）です。繰り返しになりますが、「怒り」自体を感じることは自然なことです。「怒り」として表出するその方法が問題であり、「怒り」をコントロールして正しい表出することを学んでいくことができます。

（3）アンガーマネジメント

①6秒ルール

　「怒り」は一瞬にして力強く湧き上がる感情です。かっとしてしまうと激しい怒りの表出となってしまいますが、少し時間が経つと冷静さを取り戻せます。「6秒」その場をしのぎましょう。少し冷静になれると思います。一人静かになることができる部屋があれば、その場を離れてクールダウンしてみましょう。

②「べき」を捨てる

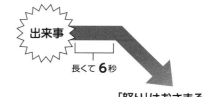

「怒り」の感情のピーク

　「怒り」の背景には、「〜すべき」、「〜しないといけない」という「べき思考」が背景にあって、その理想と現実のギャップが「怒り」につながると言われています。「まあ、いいか」と「べき」思考をやめていくのも大切です。そのためには感じた気持ちなど怒りの記録をノートに付けて振り返って自己分析をすることも効果的です。先ほど自己肯定感を高める取り組みでも説明しましたが、なかなか自分の価値感である「べき思考」を変えるのは難しいものです。次のストレスマネジメントの中でも自己への向き合い方を取り上げますので、ぜひ参考にしてください。

5　ストレスマネジメント

　ここではストレスと上手に付き合っていくための方法であるストレスマネジメントを学んでいきます。ストレスを強く感じてしまう背景には個人の性格要因や周囲の環境、これまで育ってきた養育環境などの複数の要因がかかわっています。またある程度原因が明らかになったとしても、一つの原因が解消されてもまた次の心配事が出てきてしまうなど、原因へのアプローチだけではストレスは解消できません。そこで原因そのものを取り除くのではなく、感じた辛い気持ちを解消したり、その気持ちを受け流したりすることも大切になってきます。みなさんは日頃のストレス解消法を何かお持ちでしょうか。趣味やスポーツ、何でも構いません。気持ちを切り替えることがとても重要です。そのためには余暇の過ごし方も重要な観点です。自分なりのストレス解消法を持つとともに、心が辛いときに自分にあったストレスマネジメントの技法を身に付けておくことも大切です。ここでは代表的なストレスマネジメントの方法を紹介します。

（1）呼吸法（腹式呼吸）

　私たちは緊張する場面ではつい呼吸が浅くなりがちです。よく「肩で息をする」と言われるように呼吸が浅くなり、酸素不足になりがちです。こうなると身体の緊張感も増してしまい、またそれが心の緊張を促すことなり、悪循環となります。深呼吸は、自律神経の副交感神経を優位にして交感神経を落ち着かせる役割を果たします。そこでぜひ基本的な呼吸法をマスターしましょう。特に緊張場面では意図的に腹式呼吸をすることで身体が落ち着き、心の安定へとつながっていきます。緊張しているサインを感じ取ったら少し目をつぶって呼吸を整えるだけでも大きな効果が得られるはずです。

腹式呼吸の方法

　お腹を使った呼吸法です。楽器や歌唱など音楽をされている方は体得されている方が多いと思います。鼻から5秒ぐらいかけてゆっくり息を吸います。一旦止めたら今度は吸った時よりもゆっくり10秒ぐらいかけて口から息を吐きます。この時のポイントは2つ。お腹がふくらむように息を吸うこととゆっくりゆっくり息を吐いていくことです。息を吸う際にお腹がふくらむのが意識できない場合は、お腹が風船みたいにふくらむイメージで取り組んでみてください。寝転んでお腹に手を当てて行ってみるとよりお腹のふくらみがわかりやすいかもしれません。緊張する場面や寝る前などにぜひ実施してみてください。

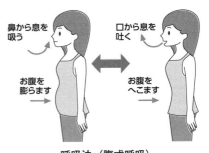

呼吸法（腹式呼吸）

（2）漸進的筋弛緩法

　人は緊張していても、それが自覚できていないことが多いものです。よく集合写真を撮る時に、「笑顔で」とか「もっと肩の力を楽にして」など言われたことはありませんか。私たちは日頃から知らず知らずのうちに頑張ってしまって身体のあちこちに力が入ってしまうものです。また「肩の力を抜きましょうね」と言われて、逆にぐっと肩に力が入ってしまう人も実は多いです。つまり身体の力の抜き方を知らないわけです。身体の力が抜けないということは、つまりストレスの逃がし方を知らず、心も体もいつも頑張ってしまうことになってしまいます。ここで紹介する漸進的筋弛緩法は「弛緩法」、つまりリラクセーション法のことです。身体の力を緩めて心の安定を図る方法です。力の緩め方をマスターするには、「緊張からの緩み」を体験するのが一番わかりやすいと思います。つまり体を一度緊張させた状態を作り、一気にストンと力を抜く、その感覚を体感していくことが重要となってきます。普段は慢性的な緊張状態にあると力を抜くことがなかなか実感できないので、一旦強い緊張状態にしてそこから一気に体の力を抜く体験を通して、力を抜く感覚を身に付けていきます。この方法は多くの身体部位で実施できますが、一番わかりやすい肩と足首、顔についてご紹介します。

漸進的筋弛緩法の方法

　まず「肩」です。両肩に一気に力を入れてグッと上げましょう。上げれるだけ頑張ってみましょう。これで緊張状態を作ることができました。次に一気に両肩の力を抜いて「ストン」と落としましょう。この一気に力が抜ける「弛緩」です。この感覚を体験して、力を抜く心地よさを体感していくことができるわけです。これは「足首」でも実践できます。

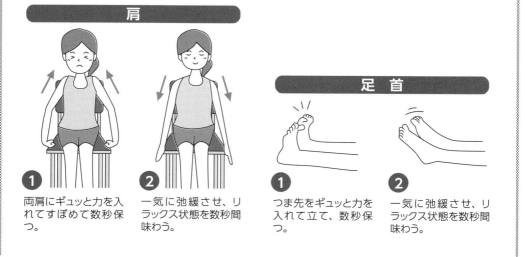

肩

① 両肩にギュッと力を入れてすぼめて数秒保つ。

② 一気に弛緩させ、リラックス状態を数秒間味わう。

足首

① つま先をギュッと力を入れて立て、数秒保つ。

② 一気に弛緩させ、リラックス状態を数秒間味わう。

また表情筋トレーニングなどでもよく行われますが、目のリラクセーションもあります。目の開閉による緩みの体感も可能です。身体のどの部位でも構いません。力の抜ける感覚を体感することが大切なので、まずはやりやすい身体部位で実践してみましょう。

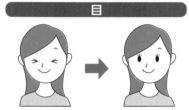

目

目をギュッとかたく閉じ、そのまま緊張を保ち続ける。(約5秒)

はい、リラックス。目をゆっくり開けて、力の抜けた感じを味わう。(約10秒)

（3）自律訓練法

　この方法はシュルツという人が開発した方法で、普段意識していない自分の身体の感覚に意識を向けることで心の安定を促していく方法です。心身の安定は自律神経が大きくかかわっていると言われています。自律神経は交感神経と副交感神経があり、日中の活動に没頭しているときは交感神経が優位に働きますが、お風呂に入ったり読書をしながらゆっくりくつろいだりしているときは副交感神経が優位になって人間の心のバランスを調整しています。ストレス社会ではこの自律神経のバランスが崩れがちで、自律訓練法では、身体に働きかけることでこの自律神経のバランスが回復するとされています。

　自律訓練法には公式（「課題」のようなものです）が6つあります。特に第1公式である手足の重さを感じる「重感公式」と第2公式の手足の暖かさを感じる「温感公式」は、一人で取り組みやすい課題です。自律訓練法は歴史と実績がある技法で、心理療法としてのエビデンス（根拠）があり、誰にでも簡単に実施できる方法です。ここでは第1公式の手順をご紹介します

自律訓練法の方法（第1公式手順）

①準備

　服装はあまり窮屈なものでなければ、どんなものでも構いません。まずは身体の力を抜いて椅子に深く座ってください。そして両手を開いた状態で太ももに手のひらを軽く乗せてください。もし寝る前や朝起きた際に行うのであれば、寝たままの姿勢で構いません。その場合は両手と両足を伸ばして寝てください。両手は身体の横で手のひらを下に向けて床につけ、身体の力を抜いて横たわりましょう。いずれも軽く目を閉じます。

②背景公式

　ゆっくり呼吸をしながら（できれば腹式呼吸を意識して）、心の中で「気持ちが落ち着いている」をゆっくり3回唱えてください。気持ちが落ち着いてくるのを待ちましょう。

③第１公式（重感公式）

第１公式は手の重さに目を向ける課題です。まずは右手に意識を向けます。目を閉じたまま「右手が重い」を心の中でゆっくり３回唱えてください。右手の重さを体感します。次に左手に意識を向けます。同様に「左手が重い」と３回唱えましょう。そのあとは同様に右足、左足と順に実施していきますが、時間によっては手だけで終わっても構いません。

④消去動作

課題が終わったらゆっくり目を開けます。暗示による技法のため、手足のだるさが残ってしまわないように、最後に必ず消去動作を行います。両手を上げて大きく伸びをします。次に腕や足の曲げ伸ばしを何度か行ってください。

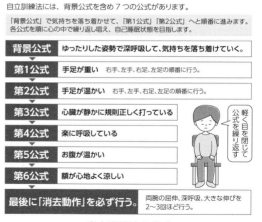

自立訓練法には、背景公式を含め７つの公式があります。

「背景公式」で気持ちを落ち着かせて、「第1公式」「第2公式」へと順番に進みます。各公式を順に心の中で繰り返し唱えて、自己睡眠状態を目指します。

背景公式	ゆったりした姿勢で深呼吸して、気持ちを落ち着けていく。
第1公式	手足が重い　右手、左手、右足、左足の順に行う。
第2公式	手足が温かい　右手、左手、右足、左足の順に行う。
第3公式	心臓が静かに規則正しく打っている
第4公式	楽に呼吸している
第5公式	お腹が温かい
第6公式	額が心地よく涼しい
最後に「消去動作」を必ず行う。	両腕の屈伸、深呼吸、大きな伸びを２〜３回ほど行う。

自立訓練法の公式

以上が基本的な流れになります。手や足の重みを少し感じることができましたか。最初は全く感じることができない人も決して少なくありません。しかし何度も行っているうちに感じることができるようになってくるので、ぜひ継続的に実施してみてください。毎日時間を決めて、日課として実施するのも良いかもしれません。またこの方法が向いていると感じた方は、ぜひ第２公式（温感公式）にもチャレンジしてみてください。

（４）マインドフルネス

最後にご紹介するのは、マインドフルネスです。マインドフルネス瞑想法などとも言われます。また心理療法では認知行動療法の一技法としても行われています。現代社会はスマートフォンやパソコン、携帯ゲーム機、音楽配信情報などに常に向き合いがちです。何もしない時間はほとんどなく、自分の内面に向き合う時間は限られています。寝る前のほんの少しの時間で構いません。「いまここでの体験・気持ち」に向き合っていくことは心の安定にとても大切です。先ほど述べましたが、怒りをコントロールするためにも自己に向き合い「べき思考」を変えていくことがとても重要な視点です。自己への向き合い方の一つの方法としてマインドフルネスを取り上げます。

マインドフルネスは仏教用語のサティを英訳したもので、「気づきを向ける」という意味があり、ヨガとも密接な関係にあります。つまり自分の体験や感情に目を向け、「受け止め」、「味わって」、「手放していく」ことを目的とする技法です。自分の意識に目を向けて心の安定を図っていくわけですが、特徴的なことは、「自動思考」への着目です。自動思考はうつ病など認知行動療法による治療でよく取り上げられる概念です。

認知行動療法では、「出来事」が「感情」を生むのではなく、その「出来事」をどのように捉えたか（＝認知）によって嬉しいや悲しいなどの「感情・気分」が起こるとされ、それによって「身体」への影響（心臓がドキドキす

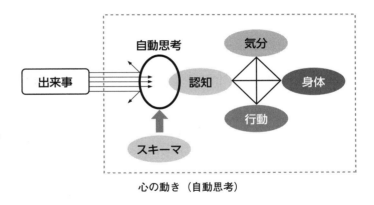

心の動き（自動思考）

るなど）や「行動」の変化（学校へ行けなくなる）が起こってくると言われています。つまり物事の受け止め方である「認知」が重要ですが、何か出来事に際して心の中に浮かんだ考えを「自動思考」と呼びます。仕事で課題が出た時に「いやだな」とか「間に合うかな」などパッと頭に浮かんだ考えが自動思考です。この自動思考はもともと個人が持っている価値規範（スキーマ）に影響されます。例えばうつ病の人はネガティブな自動思考に支配されてしまうために抑うつ症状が出るとも言われています。マインドフルネスでは、自分の心の内に目を向けながらもネガティブな自動思考が浮かんできても、それを否定するのではなく、まずはあるがままを受け止めていきます。「今、『やだなあ』、と感じている自分がいる。そうなんだ」と否定をせずに自分の心の内を味わっていきます。そして自然に自分の心の内に目を向け、自動思考にとらわれず手放していくことがねらいとなります。うつ病の人をはじめ、人間はいろいろな考え（自動思考）が浮かんでそのことが気になってしまうことで生活しにくくなることがありますが、マインドフルネスを実践することで自動思考にとらわれない考え方・感じ方を身に付けていくことが期待できます。

　では実際にワークをご紹介します。マインドフルネスのワーク（エクササイズ）には自分の体験を通した気づきに目を向ける「体験系」と個人の内的体験に目を向ける「思考／感情系」の2種類があります。ここでは「体験系」の代表的なワーク「レーズンエクササイズ」を紹介します。ぜひ体験してみてください。

マインドフルネスの方法（レーズンエクササイズ）

　レーズンを一粒用意します。まずはこのレーズンに意識を向けます。手にとってつまんでみて感触を味わいます。「意外と硬い」、「ゴツゴツしている」など。次に匂いを嗅いで見たり、光にかざしてみたり、五感を使ってレーズンを感じます。この時にレーズンへの注意が逸れていろいろなことが頭をよぎります。これが自動思考です。「くだらないなあ・・・」、「あっ。おやつ食べなきゃ」、「眠いなあ」など感じたことは決して否定せず、そう感じている自分を受け入れて、その自動思考から離れてまたレーズンに意識を戻してください。頭に浮かんだ自動思考を

否定することなく、でもとらわれることなく手放していく、これがこのエクササイズの目的です。しっかり眺めたら口に入れて舌で転がしてみてその感触を味わいます。じっくり味わったら噛んでみます。噛む感触と味覚を体験します。散々味わったら最後に飲み込ん

レーズンエクササイズ
出典：伊藤絵美「マインドフルネス&スキーマ療法 Book 1」
（医学書院）を元に作成

でみます。喉を通る感触など味わいます。何度もいろいろなことが頭によぎっても目の前の「今ここの体験」に戻りましょう。

　今ここにいる自分の体験を受け止め、五感を使って味わい、頭に浮かんだ自動思考を否定せずに受け止め、そして手放していくこと、これがエクササイズの目的です。繰り返しになりますが、私たちは常にスマートフォンを触ったり、テレビを見たりして、実は自分のことにじっくり目を向ける機会がほとんどありません。毎日ほんの少しの時間で構いません。音楽を聞くのもやめて散歩をして、見るもの、聞くもの、踏みつけた感触を感じることもマインドフルネスになります。そんな習慣を通して自分の心に目を向けることで自動思考にとらわれない、目の前の体験を楽しめる自分に近づくことができるかもしれません。

　以上、いくつかのストレスマネジメント技法を紹介しました。人によって向き不向きがあるので、自分に合った方法を日常生活の中に取り入れていきましょう。学校の児童生徒に対しても心のケアとして呼吸法などのリラクセーション法を紹介することはとても大切です。そのためにはまず、教育相談担当や特別支援教育コーディネーター自身がそれぞれの方法を紹介できるようにぜひ一度体験してみてください。「百聞は一見にしかず」です。そして、校内研修などで学校全体の教師のストレス対策として取り組んでみてください。ストレスマネジメント技法や独自のストレス解消法を身に付けて、ストレスと上手に付き合えるようになることが大切です。

6　校内での教師へのサポート

　ストレスマネジメントとあわせて、周囲からの適切なサポートも重要です。悩んでいる教師に早期に気づき、早期に介入していくことが大切です。教育相談担当や特別支援教育コーディネーターが学校心理学の視点でできる校内での取り組みを取り上げます。

（1）同僚性を高める効果的な事例検討会

　最近は教師の「同僚性」というキーワードが注目されています。同僚性とは互いに支え合い、成長し、高めあっていく職場の人間関係のことを言います。つまり教師間のサポーティブな関係の構築です。日頃から教師同士のコミュニケーションが盛んであると、悩んでいる時に職員室で近くの教師に話をしたり、ちょっとしたアドバイスをもらったりできるので、精神衛生上とても大切です。このような教師間のインフォーマルな雰囲気を育てるために、小グループでの事例検討会や人間関係を高めるグループワークなどを利用した校内研修はとても有効です。

　また、学校では児童生徒への対応でよく事例検討会が行われますが、多くの場合は管理職への現状報告や管理職から今後の対応方法についての指導が中心になりがちです。しかし事例検討会を通して同僚性を高めることができます。よく行われるのは付箋紙を使った参加型事例研修会やインシデント・プロセス法による事例検討会です。参加者同士が主体的に意見を出し合える研修はサポーティブな職場の雰囲気づくりに有効です。事例検討会では発表者の負担が大きく、また発表者の対応に批判的な発言が多くなってしまうこともあります。インシデント・プロセス法は参加者が解決方法を見出していく方法であり、参加者同士の円滑な人間関係の形成が図れるとともに今後の解決策を得ることができ、発表者にとっては特に満足感の高い方法です。

①付箋紙を使った参加型事例検討会

　校内で行う事例検討会は教師同士の対応力を高めるためにとても重要な研修機会です。しかし、従来の事例検討会は、先にあげたデメリットがあるため、付箋紙を活用した参加型事例検討会を実施する学校が増えてきました。付箋を使った事例検討会では、参加者全員が自分のこととして事例の今後の対応を主体的に考えることができるというメリットがあげられます。様々な進め方がありますが、まず4人から6人程度のグループに分かれます。❶事例概要の提示（資料を配付するならばA4で1枚程度）、❷各自が付箋に意見を記入（例えば、良い取り組みは「青色の付箋」に、改善点は「赤色の付箋」に記入するなど）し、模造紙に貼付、❸各グループで付箋をテーマごとに分類（支援の視点に分類）しながらディスカッション、❹各グループの支援方法を全体で発表、という手順で進められます。参加者全員が一緒に考え、具体的な支援方法のアイディアを得ることができる方法なので校内の事例検討会で実施してみてはいかがでしょうか。

②インシデント・プロセス法による事例検討会

　インシデント・プロセス法は配付資料を作成しない、事例研究法の一つです。事例提供者の事前準備の負担が少なく、また参加者全体の主体性と問題解決力を高めることができる方法です。「インシデント」は「小さな出来事」を意味します。事例提供者はこの「インシデント」を口頭で提示し、あとは参加者の質問に答えていき全体で事例の理解を深め、支援方法の検討を進めていきます。

いろいろな進め方がありますが、❶事例提供者による「インシデント」提示（例えば、「小３の席を立つ児童について困っています」など）、❷事実関係や情報収集（参加者からの質問形式で事例の理解を深める）、❸グループで対応方法検討（４〜６人程度のグループで実施）、❹全体でシェア（各グループによる支援方法の発表）、❺まとめ（助言者による今後の対応方法の方針確認）、という形で進めます。参加者が質問する形で事例を明らかにしていきます。実施にあたっては、教育相談担当や特別支援教育コーディネーターがファシリテーター（司会）となって進行します。参加者全員の事例への対応力のスキルアップを図ることができる方法です。限られた時間の中で行う場合は❶の「インシデントの提示」で簡単な事例概要をまとめて提示することも可能です。

（２）支援の必要な教師の把握と対応

　Ⅰ章でも担任への支援で述べましたが、教育相談担当や特別支援教育コーディネーターは校内で苦戦している教師の把握に努めましょう。そのための視点を次に取り上げます。

①教室巡回

　最近はチームとしての学校の役割が広がり、担任一人が悩みを抱え込んでしまうケースは少なくなってきていますが、一般的に教師は周囲への援助希求的態度（援助要請行動）が低いと言われており、気軽に周囲へ相談できない教師が多いようです。そこでまずは児童生徒の指導で困っている教師の把握をしましょう。直接相談に来てくれる教師はわかりやすいですが、職員室で悩みを周囲に見せない教師に対しては、ぜひ教室巡回で把握しましょう。登校後や昼休みなどの教室を回って、教師と言葉を交わしたり、教師と児童生徒たちのやりとりから心配な教師を把握したりしましょう。教育相談担当や特別支援教育コーディネーターが担任をしている場合は難しいですが、毎朝教室を回って児童生徒たちに声をかけると同時に一人一人の教師の表情や仕事上の悩みをリサーチすることが重要です。声をかけられるだけで、「見てくれている」という教師の安心感にもつながります。

②傾聴

　教室巡回を通してもう一歩支援を進めた方が良いと感じる教師がいたら、ぜひ放課後に時間をとって話を聞きましょう。悩みの程度によっては個室で話を聞くことも考えましょう。支援のポイントは話を「聴く」ことです。Ⅰ章でも取り上げましたが、カウンセリングの基本は「傾聴」です。具体的なアドバイスが必要になる場合ももちろんありますが、悩みを溜め込んでしまう前に耳を傾けて心の安定を目指しましょう。先ほどソーシャルサポートの説明でも触れましたが、「情緒的サポート」が心理面を支える上では有効です。保健室の養護教諭がよく教師から相談を受けるのは具体的な支援ではなく「気持ちを聴いてもらえる」からです。教師なりにがんばっていることを認め、その心の内に耳を傾けましょう。悩みの程度によっては聞いてもらうだけで解決に結びつく場合もあります。

③専門家連携

　困っている教師の悩みに耳を傾けていると、指導が難しい児童生徒への対応など悩みが重篤なケースにも遭遇します。教師の不安が高く緊急度の高い場合には、スクールカウンセラーや管理職につないでいきましょう。困っている教師の精神健康度もしっかりアセスメントして見極めていくことが重要です。精神的な不安が見られ、緊急度が高い場合は迷わず管理職へ相談する決断力も大切です。

　以上、校内では教育相談担当や特別支援教育コーディネーターの役割が重要です。同僚性を高める職場の雰囲気づくり、校内研修の実施、支援の必要な教師へのサポートまで、必要な介入が求められます。校内の教師が自分に合ったストレスマネジメント技法を身に付け、健康な心で児童生徒たちに対応することができるように、ぜひ教育相談担当や特別支援教育コーディネーターとして校内でできる役割を工夫してみてください。

参考文献

第Ⅴ章
文部科学省（2020）「令和元年度公立学校教職員の人事行政状況調査について」
森浩平・田中敦士（2012）「特別支援教育に携わる教師の精神健康度とストレス要因－メンタルヘルスチェックの分析結果から－」琉球大学教育学部紀要第80集
大山卓・金井篤子（2015）「特別支援教育に携わる小中学校教員のストレスとサポート体制の研究展望」名古屋大学大学院教育発達科学研究科紀要（心理発達科学）第62巻
文部科学省HP「CLARINETへようこそ　海外子女教育、帰国・外国人児童生徒教育等に関するホームページ」第2章心のケア各論
日本自律訓練学会（2006）「標準 自律訓練法テキスト」日本自律訓練学会教育研修委員会編
伊藤絵美（2016）「ケアする人も楽になる マインドフルネス＆スキーマ療法 BOOK1」医学書院
秋田県総合教育センター（2009）「付箋紙を用いたワークショップ型授業研究会の進め方」教育研究会道徳部会研修会
教職員支援機構（2018）「教職員研修の手引き－効果的な運営のための知識・技術－」

著者略歴

大山　卓（*Takashi Ohyama*）

愛知県豊田市青少年相談センター主幹（スーパーバイザー）。

名古屋大学大学院教育発達科学研究科（後期課程）修了。心理学（博士）。

知的障害特別支援学校教員、帝京平成大学現代ライフ学部児童学科准教授を経て、令和2年4月より現職。臨床心理士、公認心理師、学校心理士スーパーバイザーとして、小児科・心療内科クリニック、スクールカウンセラー、電話カウンセリング等の臨床経験有。

専門分野：教育相談、特別支援教育、臨床心理学、発達心理学

小学校・中学校・高等学校・特別支援学校
教育相談担当・特別支援教育コーディネーター必携

これ一冊でわかる「教育相談」
―学校心理学と障害福祉の基礎―

2021 年 4 月 26 日　　初版第 1 刷発行
2022 年 8 月 22 日　　初版第 2 刷発行

■著　者　　大山　卓
■発行人　　加藤　勝博
■発行所　　株式会社 ジアース教育新社
　　　　　〒101-0054　東京都千代田区神田錦町 1-23　宗保第 2 ビル
　　　　　TEL：03-5282-7183　FAX：03-5282-7892
　　　　　E-mail：info@kyoikushinsha.co.jp
　　　　　URL：https://www.kyoikushinsha.co.jp/

■表紙　宇都宮 政一（peek a boo co.,ltd.）
■本文デザイン・DTP　　土屋図形 株式会社
■印刷・製本　　シナノ印刷 株式会社
© Takashi Ohyama 2021，Printed in Japan
ISBN978-4-86371-580-6
定価は表紙に表示してあります。
乱丁・落丁はお取り替えいたします。（禁無断転載）